오늘 나에게
희망을 주는 말

오늘 나에게

힘들 때마다
희망을 주는
깨달음의 말들

② 성공 편

희망을 주는 말

동양고전 슬기바다 연구팀

홍익출판 미디어그룹

1편《지금 나에게 힘이 되는 말》에 이어 나온 이 책은 인간과 세상에 대한 깨달음으로 가득한 동양철학의 문헌들에서 가려 뽑은 고사성어를 모은 시리즈 2편입니다. 전편과 마찬가지로 이 책은 단순히 고사성어를 나열하거나 해설하는 데 그치지 않고 그 말들의 출전과 원문, 역사적 배경 등을 더해 누구라도 쉽게 자기 삶에 도움을 되도록 구성했습니다.

따라서 독자 여러분은 이 책에서 동양철학의 깊고 넓은 세계를 엿볼 수 있을 뿐만 아니라 오래 전 세상을 살았던 사람들의 크고 작은 체험을 통해 자신을 돌아보면서 미래를 개척하는 힘을 얻게 될 것입니다. 이 책에 등장하는 수많은 영웅호걸은 물론 평범한 사람들의 삶이 오늘의 우리와 너무나 닮아 있기 때문입니다.

인간은 수많은 시행착오의 학습을 통해 발전하고 도약해서 오늘에 이르렀습니다. 옛사람들이 겪었던 그 많은 파란곡절은 단순히 한 인간의 이야기가 아니라 후대 사람들에게 하나하나 또렷한 발자국이 되어 오늘을 사는 우리를 안내하고 있습니다.

당신이 현재의 삶에 어려움을 겪고 있다면, 좀처럼 발전하지 못하고 오늘에 발이 묶여 있다면, 걱정과 두려움으로 내일을 두려워한다면, 이 책 속의 이야기들은 어둠을 밝히는 등불이 희망의 길로 안내할 것입니다.

우리가 옛사람들의 발자취를 공부하는 이유는 그들의 삶에 녹아 있는 이야기를 내 삶의 거울처럼 바라보기 위해서입니다. 이 책은 그런 기회를 당신에게 제공할 것입니다. 이 책이 당신이 꿈꾸는 삶에 보탬이 되기를 바랍니다.

제1장

나무木

아름드리 큰 나무도
작은 싹에서 시작한다

천리지행 시어족하
千里之行 始於足下

千	일천 천
里	리 리
之	어조사 지
行	다닐 행
始	비롯할 시
於	어조사 어
足	발 족
下	아래 하

'천 리 길도 한 걸음부터'라는 속담과 같다. 모든 일은 시작이 중요하며 작은 것이 쌓여야 큰 것을 이루게 된다는 뜻.

천 리 길도 한 걸음부터

아름드리 큰 나무도 작은 싹에서부터 생겨나고, 높은 누대도 흙을 쌓아올려야 세워지며, 천 리 길도 한 걸음부터 시작되는 법이다(千里之行 始於足下). 억지로 하려는 자는 실패할 것이고 집착하는 자는 잃게 될 것이다. 성인은 억지로 하지 않기에 실패하지 않고 집착하지 않기에 잃을 것이 없다. 《노자도덕경(老子道德經)》

해설   '지족불욕 지지불태(知足不辱, 知止不殆)'가 떠오르는 말이다. 노자는 이렇게 억지로 일을 꾸미지 않는 태도를 제일 중시했다. 그러나 노자사상의 핵심을 이루는 '무위(無爲)'라는 말은 아무것도 하지 않는 것을 강조하는 게 아니라 과장하거나 인위적인 힘을 가하지 않는 자연스러운 행위를 뜻한다.

先 먼저 선 發 필 발 制 제어할 제 人 사람 인	**선발제인** 先發制人

상대방의 꾀를 알아차리고 일이 생기기 전에 미리 막아낸다. 남보다 먼저 일을 시작하면 앞지를 수 있다는 뜻.

남보다 먼저 하면 그를 제압한다

진나라 말기에 강동 땅에 항량이 어쩌다 살인을 저지르고 조카와 함께 오나라로 도망쳤는데, 그 조카가 바로 항우였다. 그 후 오나라에서 크게 성공한 항량의 후원을 받은 항우는 타고난 힘을 바탕으로 큰 인물로 도약하기 위한 야망을 불태웠다.

당시는 곳곳에서 진시황 사후 혼란기를 틈타 세력을 모으려는 자들이 많았는데, 그중 한 사람이 회계태수 은통이었다. 항량과 항우는 은통에게 '먼저 하면 남을 제압하고, 뒤에 하면 남에게 제압당한다(先則制人 後則制於人)'며 봉기를 부추긴 후, 그가 대대적으로 군사를 모으자 당장 제거해버리고는 단숨에 막강한 군사력을 갖게 되었다. 이를 발판으로 항우는 유방과 천하를 놓고 다투는 영웅으로 우뚝 서게 된다. 《사기(史記)》

해설   중국에서 나온 숱한 역사서들 가운데 가장 걸출한 책으로 꼽히는 《사기》는 신화 시대부터 기원전 2세기 말까지의 역사를 다루고 있다. 총 52만 6,500여 자에 달하는 대기록으로 본기 12권, 서 8권, 표 10권, 세가 30권, 열전 70권 등 총 130권에 이른다.

일룡일저
一龍一豬

一 한 일
龍 용 룡(용)
豬 돼지 저

학문의 성취에 따라 현명하거나 어리석은 차이가 심하게 나타난다.

나이 서른은 인생의 갈림길이다

"나이가 열두서넛이 되면 서로 능력을 나타내는 점이 달라지고, 스무 살쯤이 되면 그 차이가 점점 더 벌어져 맑은 냇물과 더러운 도랑을 비교하는 것처럼 차이가 벌어진다. 나이 서른이 되면 마침내 뼈대가 이루어지나니 용이 될 수도 있고 돼지가 되기도 한다."

한유(韓愈)의 〈부독서성남(符讀書城南)〉

해설 공자는 삼십이립(三十而立)이라 했는데, 한유는 나이 서른이 용이 될 수도 있고 돼지가 될 수도 있는 갈림길이라고 말하고 있다. 옛사람들은 서른이라는 나이를 인생의 한복판에 왔으니 그동안의 공부를 바탕으로 똑바로 서서 자신의 길을 가야 할 때라고 보았다.

行	행할 행
有	있을 유
不	아닐 부
得	얻을 득
反	돌이킬 반
求	구할 구
諸	어조사 저
己	자기 기

행유부득 반구저기
行有不得 反求諸己

어떤 일에 원하는 결과를 얻지 못했다면 먼저 자신부터 돌아보고 원인을 찾아야 한다.

먼저 나 자신에게서 잘못을 찾아 고치겠다

하나라 우임금 때, 제후 유호씨가 군사를 일으키자 왕자 백계가 나아가 싸웠으나 대패하고 말았다. 그럼에도 병사들이 패배를 인정하지 않고 다시 싸울 것을 건의하자 백계가 말했다.

"나는 그들보다 많은 병력에도 불구하고 참패하고 말았다. 이는 내가 부덕한 탓이고, 부하들을 통솔하는 방법이 잘못되었기 때문이다. 따라서 먼저 나 자신에게서 잘못을 찾아 고쳐나가겠다(行有不得 反求諸己)."

이후 백계는 더욱 자신을 단련하고 연마하여 만인의 존경을 받는 인물이 되었고, 얼마 후 유호씨도 백계의 위세에 눌려 스스로 투항하게 되었다. 《맹자(孟子)》

동의어 반궁자문(反躬自問), 반궁자성(反躬自省)

도방고리
道傍苦李

道 길 도
傍 곁 방
苦 괴로울 고
李 오얏 리

사람들에게 시달림을 당하며 길가에 서 있는 오얏나무. 남에게 버림받은 존재를 뜻한다.

길가의 나무에 저렇게 많은 열매가 남았다면

죽림칠현의 한 사람인 왕융이 어렸을 때 동네 아이들과 놀다가 길가의 오얏나무가 가지가 휘어질 만큼 많은 열매를 매달고 서 있는 걸 발견했다. 그런데 아이들이 열매를 따 먹으려고 우르르 몰려가는데도 왕융만은 잠자코 서 있었다. 지나던 사람이 이유를 묻자, 왕융이 대답했다.

"뭇사람의 시달림을 받으며 길가에 서 있으면서도(道傍苦李) 저렇게 많은 열매가 남아 있다면 틀림없이 써서 먹지 못할 것입니다."

아이들이 열매를 먹어보니 과연 왕융의 말대로 몹시 써서 먹을 수 없었다.

《세설신어(世說新語)》

해설 '죽림칠현'이란 진나라 초기에 노자와 장자의 무위사상을 숭상하며 죽림에 모여 청담(淸談, 세속적이지 않은 고상한 이야기)으로 세월을 보낸 일곱 명의 선비를 말한다. 산도, 왕융, 유영, 완적, 완함, 혜강, 상수가 그들이다.

口 입구
尙 아직 상
乳 젖 유
臭 냄새 취

구상유취
口尙乳臭

입에서 아직 젖비린내가 난다. 그만큼 언행이 아직 유치한 수준이라는 뜻.

입에서 젖비린내가 날 만큼 하찮은 존재

유방과 항우가 천하를 놓고 쟁패를 벌일 때, 한때 유방에 복종했던 위나라의 제후 표가 돌연 항우 편에 붙으려고 했다. 유방이 역이기를 시켜 만류했지만, 표는 오히려 유방을 비난하며 전혀 움직일 생각을 하지 않았다.

유방이 그를 응징하기 위해 한신을 보내게 되었는데 이때 한신이 위나라의 장수가 백직이라는 말을 듣고 코웃음을 치며 말했다. "그런 녀석은 젖비린내가 나는 놈이야(口尙乳臭). 백전백승인 나에게 당할 수 없지." 과연 한신은 순식간에 적군을 무찌르고, 백직은 물론 표까지 사로잡았다. 《한서(漢書)》

해설 《한서》는 기전체 역사서로, 한나라 제국의 흥망과 왕망의 신나라 창업까지의 시기를 다루고 있다. 이 책을 지은 반고(班固)는 기존의 사료들을 정리하고 요약함으로써 한나라 전체 역사를 최대한 사실적으로 보여준다는 평가를 받는다.

정저지와
井底之蛙

井 우물 정
底 밑 저
之 어조사 지
蛙 개구리 와

'우물 안의 개구리'라는 속담과 같다. 생각이나 견문이 몹시 좁은 사람을 일컫는 말.

우물 안 개구리는 바다를 말할 수 없다

황하의 신 하백은 드넓은 강의 주인으로서 자신이 세상에서 가장 큰 물의 신이라고 믿고 있었다. 그러다 난생처음 북해에 와서 드넓은 바다를 보고는 그 광대함에 놀라고 말았다. 그러자 북해의 신 약이 말했다.

"우물 안 개구리(井底之蛙)가 바다를 말할 수 없음은 사는 곳에 구속되었기 때문이며, 여름벌레가 얼음을 말할 수 없음은 한 계절에 고정되어 살기 때문이고, 거짓된 선비가 도에 대해 말할 수 없음은 세속의 가르침에 구속되어 있기 때문이다. 그대는 지금 좁은 개울을 벗어나 큰 바다를 바라보고는 스스로 보잘것없는 존재임을 깨달았으니 이제 비로소 나와 더불어 천하의 진리를 말할 수 있게 되었다."

《장자(莊子)》

동의어 관견(管見), 야랑자대(夜郎自大), 정중지와(井中之蛙), 좌정관천(坐井觀天)

해설 장자는 춘추시대 송나라 사람으로 이름은 주(周)이다. 도가사상을 계승 발전시킨 인물로, 우언(寓言)으로 가득한 책《장자》를 펴냈다. 맹자와 비슷한 시대에 활동한 것으로 전해지지만 정확한 생몰 연대는 알려져 있지 않다.

屠 죽일 도 龍 용 룡 之 어조사 지 技 재주 기	# 도룡지기 屠龍之技

용을 죽이는 기술. 쓸모없는 재주를 일컫는 말.

용을 잡아 요리하는 기술

주평만이라는 사람이 지리익이라는 자로부터 용을 잡아 요리하는 기술을 배우느라 천금이나 되는 전 재산을 쏟아부었다. 3년 만에 기술을 전수받고 의기양양하게 하산한 주평만은 뒤늦게야 그 기술은 아무짝에도 쓸 데가 없다는 사실을 깨닫게 되었다. 용은 상상 속의 동물이기 때문이다. 결국 쓸모없는 기술을 익히느라 시간과 비용만 허비한 셈이다.

《장자(莊子)》

해설 《장자》〈잡편〉에서 위 문장에 이어지는 내용은 이렇다. "성인은 반드시 해야 할 일도 꼭 해야 한다고 여기지 않기 때문에 마음속에 다툼이 없다. 세상 사람들은 반드시 해야 할 일도 아닌 것을 꼭 해야 한다고 믿기에 마음속에 다툼이 많다. 마음속에 다툼이 있어 그 행동에 구하는 것이 있고, 마음속의 다툼에 의지하기에 마침내 스스로 죽게 되는 것이다."

기복염거
驥服鹽車

驥 천리마 기
服 입을 복
鹽 소금 염
車 수레 거

천리마가 소금을 실은 수레를 끈다. 뛰어난 인재가 비천한 일에 묶여 본래의
재능을 발휘하지 못한다는 뜻.

비천한 일에 묶여 재능을 발휘하지 못하는

주나라의 백락은 명마 감정에 능한 사람이었다. 어느 날 늙은 말이
소금가마를 실은 수레를 끌며 힘들게 산에 오르는 광경을 보게 되
었다. 그런데 백락이 유심히 살펴보니 비록 늙기는 했어도 분명 천
리마였다(驥服鹽車). 백락은 울음을 터뜨리며 비단옷을 벗어 말에게
덮어주었다. 《전국책(戰國策)》

동의어 염거지감(鹽車之憾)

해설 백락은 말을 잘 감정하는 특기를 가지고 있었다. 명마(名馬)를 잘 알아보고 찾아냈
으며, 그의 눈에 띈 명마는 곧바로 가치를 인정받아 비싼 값에 팔렸다고 한다.

大 큰 대
巧 공교할 교
若 같을 약
拙 서툴 졸

대교약졸
大巧若拙

훌륭한 기교는 도리어 졸렬하게 보인다. 탁월한 재주를 가진 사람은 함부로 자랑하지 않으므로 언뜻 보기에 매우 서툰 것처럼 보인다는 뜻.

아주 뛰어난 솜씨는 오히려 서툴게 보인다

완전히 이루어진 것은 모자란 듯이 보이지만 그 쓰임에는 부족함이 없다. 완전히 가득 찬 것은 비어 있는 듯이 보이지만 그 쓰임에는 끝이 없다. 완전히 곧은 것은 굽어 보이고 완전한 솜씨는 서툴게 보이며(大巧若拙), 완전한 웅변은 눌변으로 보인다. 조급함은 추위를 이기고 고요함은 더위를 이기니 맑고 고요함이 세상의 이치다.

《노자도덕경(老子道德經)》

해설　위에 이어지는 글을 한 마디로 줄이면 '대지약우(大智若愚)'라는 말이 된다. '큰 지혜는 어리석음과 같아서 진정으로 지혜로운 사람은 함부로 자신의 영리함을 드러내지 않아 오히려 어리석어 보인다'는 뜻이다. 이를 역으로 말하면, 시끄럽게 떠들어대며 자기 자랑이나 일삼는 사람이야말로 진짜 어리석은 사람이라는 뜻이다.

난형난제
難兄難弟

難 어려울 난
兄 형 형
弟 아우 제

누가 더 낫다고 할 수 없을 정도로 서로 엇비슷하다. 사물의 우열을 가릴 수 없다는 뜻.

형도 아우도 누가 낫다고 하기 어렵다

후한 말기의 관리 진식이 손자들의 물음에 답하면서 한 말에서 유래했다. 사촌 간인 손자들이 각자 자기 아버지의 출중함을 자랑하다가 할아버지 진식에게 판가름을 해달라고 하자 이에 진식이 두 아들에 대해 이렇게 대답했다. "형이 낫다고 하기도 어렵고 아우가 낫다고 하기도 어렵구나(難爲兄難爲弟)."   《세설신어(世說新語)》

동의어   막상막하(莫上莫下), 백중지세(伯仲之勢)

해설   《세설신어》는 후한시대에서 동진시대에 걸쳐 사대부들의 일화를 기록한 책으로 모두 36편으로 구성되어 있다. 사대부의 생활과 언행을 기록하여 중국사 연구에 중요한 위치를 차지하고 있다.

鶴 학 학
脛 정강이 경
雖 비록 수
長 길 장
斷 끊을 단
之 어조사 지
則 곧 즉
悲 슬플 비

학경수장 단지즉비
鶴脛雖長 斷之則悲

학의 다리가 길다고 자르면 슬퍼할 것이다. 자연의 사물은 원래 가지고 있는 특성을 인위적으로 가감하는 게 아니라는 뜻.

학의 다리가 길다고 짧게 잘라주면

비록 물오리의 다리가 짧지만 그것을 길게 이어주면 괴로워할 것이다. 비록 두루미의 다리는 길지만 그것을 짧게 잘라주면 슬퍼할 것이다(鳧脛雖短 續之則憂 鶴脛雖長 斷之則悲).　　　　《장자(莊子)》

해설　《장자》〈외편 병무〉편에 나오는 원문은 다음과 같다. "길어도 남는다고 여기지 않고, 짧아도 모자란다고 여기지 않는다. 따라서 오리의 다리가 비록 짧아도 그것을 이어주면 걱정할 것이요, 학의 다리가 비록 길어도 그것을 자르면 슬퍼할 것이다."

무용지용
無用之用

無 없을 무
用 쓸 용
之 어조사 지

언뜻 봐서는 쓸모없이 보이는 사람이나 물건도 때로는 크게 쓰일 때가 있다.

쓸모없는 것의 쓰임을 아는가

혜자가 장자에게 말했다. "우리 마을에 개똥나무라는 큰 나무가 있는데 줄기는 울퉁불퉁 옹이가 많아 먹줄을 칠 수 없고, 작은 가지들은 뒤틀려 자를 댈 수 없네. 그래서 길가에 있지만 목수들이 거들떠보지도 않네. 그 나무는 크기만 했지 쓸모가 없네."

이에 장자가 말했다. "너구리나 살쾡이를 본 적이 있는가? 엎드려서 먹이를 노리거나 이리저리 뛰어다니다 결국 덫이나 그물에 걸려 죽고 말지. 그런데 들소란 놈은 크기가 하늘의 구름만 해서 큰일을 할 수 있지만 쥐는 한 마리도 잡지 못한다네. 자네가 큰 나무를 놓고 쓸모없다고 하는 것이 그런 일을 타박하는 짝이네. 어째서 넓은 들판에 심어 놓고 기대어 쉬거나 나무그늘에서 놀다가 낮잠을 자지 못하는가. 그 나무는 도끼에 찍힐 일도, 누가 해칠 일도 없네. 그런데 왜 쓸모없다고 말하는 건가? 그렇듯이 세상 사람들은 쓸모 있는 것의 쓰임만을 알 뿐, 쓸모없는 것의 쓰임(無用之用)은 알지 못한다네." 《장자(莊子)》

自 스스로 자
求 구할 구
多 많을 다
福 복 복

자구다복
自求多福

복은 자신이 구하는 것이지 하늘이 내리는 게 아니다.

화와 복은 스스로 구하는 것이다

욕된 것을 싫어하면서 어질지 못한 생활을 하는 것은 마치 축축한 것을 싫어하면서 낮은 땅에 살고 있는 것과 같다. 나라가 화평하면 이를 마음껏 즐기면서 게으름을 피우고 거만을 부리는데, 이는 스스로 화를 부르는 것이다. 화와 복은 스스로 구하는 것이다(自求多福).

《시경(詩經)》

해설 《맹자》〈이루장구 상〉편에도 나온다. 맹자는 화와 복은 자기 스스로 구하는 것이라면서 이렇게 말했다. "사람을 어여삐 여기되 친해지지 않으면 자신의 인을 돌아보고, 사람을 다스리되 다스려지지 않으면 자신의 지혜로움을 돌아보라. 《시경》에 이르되, 천명에 맞도록 행하면 스스로 다복을 구하는 길이다."

삼성오신
三省吾身

三 석 삼
省 살필 성
吾 나 오
身 몸 신

날마다 세 번씩 몸을 살핀다. 하루에 세 번씩 처신을 반성한다는 뜻.

나는 날마다 세 가지를 반성한다

증자가 말했다. "나는 날마다 다음 세 가지 점에 대해서 나 자신을 반성한다(三省吾身). 남을 위해 일을 꾀하면서 진심을 다하지 못한 점은 없는가. 벗과 사귀면서 신의를 지키지 못한 일은 없는가. 배운 것을 제대로 익히지 못한 것은 없는가."

《논어(論語)》

동의어 일일삼성(一日三省), 자원자애(自怨自艾)

해설 《논어》〈학이〉편에 나온다. 여기서 '삼(三)'이라는 숫자는 단순히 '3'을 가리키는 게 아니라 '여러 차례', '많이'라는 뜻도 있다. 따라서 '삼성오신'은 하루에 여러 차례 반성한다고 풀이해야 한다.

望 바라볼 망	
洋 바다 양	**망양지탄**
之 어조사 지	望洋之歎
歎 감탄할 탄	

타인의 위대함에 감탄하면서 자신의 미흡함을 부끄러워한다.

우물 안 개구리는 바다를 모른다

황하에 사는 물의 신 하백은 항상 자기가 사는 강의 넓고 풍부함에 감탄하며 자신이 세상에서 가장 큰 물에서 살고 있다고 믿었다. 그런데 어느 해 강의 끝을 보려고 동쪽으로 내려가다가 더욱 큰 세상을 보게 되었고, 바다에 이르러서는 더욱 감탄하게 되었다(望洋之歎). 이때 바다의 신 약이 하백에게 말했다.

"우물 안 개구리에게 바다를 말해줘도 소용이 없는 것은 그가 사는 곳에 매여 있기 때문이고, 여름매미에게 얼음을 말해줘도 소용이 없는 것은 그가 시절에 묶여 있기 때문이다. 지금 그대가 비로소 자신의 어리석음을 깨달았으니 이제야말로 큰 이치를 말할 수 있게 된 것이다."   《장자(莊子)》

익자삼요
益者三樂

益 이로울 익
者 놈 자
三 석 삼
樂 좋아할 요

사람이 좋아하여 유익한 것 세 가지를 가리키는 말이다.

좋아하면 유익한 것 세 가지, 해로운 것 세 가지

공자께서 말씀하셨다. "좋아하면 유익한 것 세 가지가 있고, 좋아하면 해로운 것 세 가지가 있다. 예악의 절도를 따르기를 좋아하고, 남의 좋은 점을 말하기를 좋아하고, 현명한 벗을 많이 사귀기를 좋아하면 유익하다. 교만하게 즐기기를 좋아하고, 방탕하게 노는 데 빠지기를 좋아하고, 주색에 빠져 음란하게 놀기를 좋아하면 해롭다." 《논어(論語)》

해설 《논어》〈계씨〉편에 나온다. 다음에 이어지는 이야기는 '익자삼우(益者三友)'와 '손자삼우(損者三友)'로 사귀면 보탬이 되는 세 사람과 해가 되는 세 사람에 관한 내용이다. "유익한 벗이 셋이 있고, 해로운 벗이 셋이 있다. 정직한 사람을 벗하고, 신의가 있는 사람을 벗하고, 견문이 넓은 사람을 벗하면 유익하다. 위선적인 사람을 벗하고, 아첨 잘하는 사람을 벗하고, 말만 잘하는 사람을 벗하면 해롭다."

見 볼 견
利 이로울 리
思 생각할 사
義 옳을 의

견리사의
見利思義

눈앞에 이익이 있을 때에도 의리를 먼저 생각한다. 어떤 경우라도 무엇이 옳은 일인지를 먼저 생각하라는 뜻.

이로운 일 앞에서도 대의를 먼저 생각하라

자로가 '완성된 인간'에 대해 묻자, 공자께서 말씀하셨다. "이로움을 보면 대의를 먼저 생각하고(見利思義), 나라가 위태로워지면 목숨을 바치며(見危授命), 오래된 약속일지라도 평소에 그 말을 잊지 않는다면 마땅히 완성된 인간이라 할 수 있을 것이다." 《논어(論語)》

반의어 견리망의(見利忘義)

해설 《논어》〈헌문〉편에 나온다. 공자의 사상을 대표하는 말의 하나로, 인간의 기본적인 도리를 가리킨다. 정당하게 얻은 부귀가 아니면 취하지 말고, 의(義)를 보고 행하지 않는 것은 불의하다는 뜻을 담고 있다.

견의불위 무용야
見義不爲 無勇也

見	볼 견
義	옳을 의
不	아닐 불
爲	할 위
無	없을 무
勇	날랠 용
也	어조사 야

의를 보고도 행하지 않는다면 용기가 없는 것이다.

마땅히 해야 할 일을 행하지 않는 것은

공자께서 말씀하셨다. "자기가 모셔야 할 조상이 아닌데도 제사를 지내는 것은 아첨이다. 마땅히 해야 할 일을 보고도 행하지 않는 것은 용기가 없는 것이다(見義不爲 無勇也)." 《논어(論語)》

해설 《논어》〈위정〉편에 나오는 말이다. 원문은 "자신이 제사 지내야 할 귀신이 아닌 것을 제사하는 것은 아첨함이요, 의를 보고도 행하지 않음은 용맹이 없는 것이다(非其鬼而祭之 諂也, 見義不爲 無勇也)"이다.

衆 무리 중
惡 미워할 오
必 반드시 필
察 살필 찰
好 좋을 호

중오필찰 중호필찰
衆惡必察 衆好必察

누군가를 판단할 때는 주위 사람들의 의견에 부화뇌동하지 말고 자신이 직접 살펴라.

많은 사람이 어떤 사람을 미워하더라도

공자께서 말씀하셨다. "많은 사람이 어떤 사람을 미워하더라도 반드시 자신이 살펴봐야 하고, 많은 사람들이 어떤 사람을 좋아하더라도 반드시 자신이 살펴야 한다(衆惡之必察焉, 衆好之必察焉)."

《논어(論語)》

해설   《논어》〈위령공〉편에 나온다. 사람에 대한 판단은 다른 이들의 의견에 휩쓸리지 말고 자기만의 눈으로 정확히 살펴야 한다는 가르침이다.

기로망양
岐路亡羊

岐 갈림길 기
路 길 로
亡 잃을 망
羊 양 양

여러 갈래로 난 길에서 몰고 가던 양을 잃어버리다. 어떤 일을 하면서 방법을 잘 강구해야지 무작정 했다가는 수포로 돌아간다는 뜻. 학문의 길이 여러 갈래이므로 진리를 찾기 어렵다는 말로 쓰인다.

학문은 원래 근본이 하나였다

전국시대의 사상가 양자의 이웃집에서 기르던 양 한 마리가 달아났다. 집안사람 모두가 나서서 양을 찾았으나 끝내 찾지 못했다. 양이 달아난 쪽에 갈림길이 하도 많아서 어디로 도망쳤는지 알 수 없었던 것이다(多岐亡羊). 이에 양자가 한숨을 쉬며 말했다.

"큰 길에는 갈림길이 많기 때문에 양을 잃어버리고, 학자는 다방면으로 배우기 때문에 본성을 잃는다. 학문이란 원래 근본이 하나였는데 그 끝에 와서 이같이 달라지고 말았다. 그러므로 하나인 근본으로 되돌아가면 얻는 것도, 잃는 것도 없다." 《열자(列子)》

동의어 다기망양(多岐亡羊), 망양지탄(亡羊之歎)

해설 열자는 전국시대의 사상가로, 본명은 열어구(列禦寇)이다. 도가의 기본사상을 확립시킨 인물로 《열자》를 남겼다. 《열자》는 《노자》, 《장자》와 함께 도가의 3대 경전으로 꼽힌다.

啐 빠는 소리 줄
啄 쫄 탁
同 같을 동
機 때 기

줄탁동기
啐啄同機

병아리가 알을 깨고 나오기 위해서는 새끼와 어미닭이 안팎에서 서로 쪼아야
한다.

병아리가 알을 깨고 나오기 위해서는

불교의 선종(禪宗)에서 말하는 화두의 하나. 병아리가 껍질을 쪼아
알을 깨는 행위는 깨달음을 향해 나아가는 수행자의 자세를 뜻하
고, 밖에서 껍질을 쪼아주는 어미닭은 수행자에게 깨우침의 방법
을 일러주는 스승을 상징한다. 《벽암록(碧巖錄)》

해설   선종은 참선 수행으로 깨달음을 얻는 것을 중요시하는 불교 종파로, 조선 세종 때
그때까지 있던 7개 종파를 선종과 교종(敎宗)의 두 종파로 폐합했다. 이때 조계종,
천태종, 총남종 등 3개 종파는 '선종'이란 이름으로 하나가 되었다.

불치하문
不恥下問

不 아닐 불
恥 부끄러울 치
下 아래 하
問 물을 문

자기보다 아랫사람에게 배우는 것을 부끄럽게 여기지 마라.

아랫사람에게 묻는 것을 부끄러워하지 마라

공어라는 사람의 시호는 문(文)으로, 그를 공문자(孔文子)라고 부르며 따르는 사람들이 많았다. 어느 날 자공이 공자에게 물었다. "공문자는 왜 시호를 문이라고 한 것입니까." 공자께서 말씀하셨다. "그는 영민하면서도 배우는 것을 좋아하여 아랫사람에게 묻는 것을 부끄러워하지 않는다(不恥下問). 이 때문에 그런 것이다."

《논어(論語)》

해설 《논어》〈공야장〉편에 나온다. 자기보다 못한 사람에게도 묻는 것을 수치로 여기지 말라는 의미로, 진리 앞에 겸손하라는 뜻으로 쓰인다.

父 아비 부
子 자식 자

부부자자
父父子子

아버지는 아버지답게 노릇을 하고, 아들은 아들답게 노릇을 해야 한다.

아버지가 아버지답지 못하고

제나라 경공이 공자에게 정치에 대해 묻자 공자께서 대답하셨다.
"임금은 임금답고 신하는 신하다우며(君君臣臣), 아버지는 아버지
답고 아들은 아들다워야 합니다(父父子子).'
이에 경공이 말했다. "참으로 훌륭하십니다. 만일 임금이 임금답지
못하고 신하가 신하답지 못하며, 아버지가 아버지답지 않고 아들
이 아들답지 못하다면 비록 곡식이 있은들 제가 그것을 어찌 얻어
먹을 수 있겠습니까?"   《논어(論語)》

해설 《논어》〈안연〉편에 나온다. 저마다 자기 직분에 충실해야 세상이 바로 선다는 가르
침이다.

조명시리
朝名市利

朝	조정 조
名	이름 명
市	저자 시
利	이로울 리

이름을 남기려면 조정에 있어야 하고 이익을 원하면 시장에 있어야 한다. 무슨 일이든 알맞은 곳에서 행하라는 뜻.

이익은 저잣거리에서 다툰다

진나라 혜문왕 때 중신 사마조가 영토를 넓히기 위해 촉나라로 출병해야 한다고 건의하자, 재상인 장의가 반대하며 이렇게 진언했다.

"변경의 촉나라를 정벌하는 일은 백성에게 피해만 줄 뿐 아무런 이득이 없습니다. 예로부터 명성은 조정에서 다투고, 이익은 저잣거리에서 다툰다고 했습니다(朝名市利). 천하의 패업을 꿈꾸시는 임금께서 중원을 외면하고 하찮은 오랑캐 땅을 탐하다니 말도 안 됩니다."

그러나 혜문왕은 끝내 사마조의 말에 따랐다가 거듭된 패배로 인해 엄청난 국력을 낭비해야 했다. 《전국책(戰國策)》

동의어 적재적소(適材適所)

耕 밭 갈 경
當 마땅할 당
問 물을 문
奴 종 노
織 짤 직
婢 계집종 비

경당문노 직당문비
耕當問奴 織當問婢

농사짓는 일은 머슴에게 물어야 하고 베를 짜는 일은 계집종에게 물어야 한다. 어떤 일이든 항상 해당 분야의 전문가와 상의해야 한다는 뜻.

밭일은 머슴에게, 베를 짜는 일은 계집종에게

송나라 왕이 북위(北魏)를 치려고 장수 심경지를 불러 의견을 묻자 북위가 강국이니 함부로 침공하는 건 위험하다고 답했다. 그럼에도 왕이 야욕을 접지 않고 이번에는 문신들을 불러 의견을 물으려 하자 심경지가 황제에게 간언했다.

"밭일은 머슴에게 물어야 하고, 베를 짜는 일은 계집종에게 물어야 합니다(耕當問奴 織當問婢). 하물며 이웃 나라를 정벌하면서 오로지 글만 읽은 풋내기들과 일을 도모하신다면 어떻게 성공을 기약할 수 있겠습니까?"

《수서(隋書)》

교자채신
教子採薪

教 가르칠 교
子 아들 자
採 캘 채
薪 섶 신

자식에게 장작이 아니라 땔나무를 구해 오는 법을 가르쳐야 한다. 자식에게는 보다 장기적이고 근본적인 처방을 가르쳐야 한다는 뜻.

삶의 지혜를 묻는 아버지의 가르침

노나라의 어떤 아버지가 아들에게 땔나무를 해 오라면서 이렇게 말했다. "너는 여기서부터 백 보 떨어진 우리집 북쪽 채마밭에 있는 나무를 먼저 해 오겠느냐? 아니면 힘이 들더라도 백 리 떨어진 남산에 있는 나무를 먼저 해 오겠느냐?"

아들이 당연히 백 보 떨어진 곳의 나무를 먼저 해 오겠다고 대답하자 아버지가 말했다. "네 말도 이해가 되지만 그것은 언제든지 가져올 수 있다. 하지만 백 리 떨어진 곳에 있는 나무는 누가 먼저 가져갈지 모르니 그것부터 가져와야 집 근처의 나무가 남아 있지 않겠느냐?" 아버지의 말을 알아들은 아들은 당장 먼 곳으로 떠났다.

《속맹자(續孟子)》

해설 《속맹자》는 당나라 때 임신사(林愼思)가 지은 책이다. 평생을 맹자사상 연구에 투신한 그의 노고가 책에 고스란히 담겨 있다.

噬 씹을 서
臍 배꼽 제
莫 없을 막
及 미칠 급

서제막급
噬臍莫及

배꼽을 물려고 하지만 미치지 못하다. 일이 잘못된 뒤에 후회해도 소용이 없
다는 뜻.

지금 하지 않으면 나중에 후회해도 소용이 없으니

초나라 문왕이 신나라를 공략할 때, 이를 위해서는 등나라 땅을 통
과해야 했는데 마침 그곳의 왕은 문왕의 삼촌이었다. 문왕이 병사
들을 이끌고 도착하자 등나라 신하들이 왕에게 말하기를 초나라
가 머지않아 등나라까지 공격할 것이니 문왕을 죽이자고 했다.

"지금 없애지 않으면 배꼽을 물려고 해도 입이 미치지 못하는 것
처럼(噬臍莫及), 나중에 후회해도 소용이 없으니 당장 실행하십시
오."

그러나 등나라 왕은 조카를 죽이면 세상이 자신을 욕할 것이라면
서 간언을 묵살했다. 그로부터 10년 후, 등나라는 신하들의 말대로
초나라 문왕에게 망하고 말았다. 《춘추좌씨전(春秋左氏傳)》

해설　중국 최초의 편년체 역사서인 《춘추》에는 춘추시대의 다양한 인물과 사건들이 기
록되어 있다. 《춘추좌씨전》은 《춘추》의 주석서로, 《춘추》에 등장하는 사건들에 상
세한 산문체 설명과 풍부한 배경 자료를 제공하고 있다.

단기지교
斷機之教

斷 끊을 단
機 베틀 기
之 어조사 지
教 가르칠 교

맹자의 어머니가 베틀의 베를 끊었다는 고사에서 나온 말이다. 중도에 학문을 그만두면 아무 쓸모가 없다는 뜻.

아들을 성공시키려는 어머니의 가르침

맹자가 고향을 떠나 공부에 전념하기로 한 지 얼마 안 되어 어느 날 갑자기 집으로 돌아왔다. 마침 베틀에 앉아 길쌈을 하고 있던 맹자의 어머니가 아들에게 물었다. "네 공부가 어느 정도 되었느냐?"

공부를 다 마치지 못했다며 우물쭈물하는 아들의 말에, 어머니는 짜고 있던 베틀의 날실을 단칼에 끊어버리고는 이렇게 꾸짖었다. "네가 공부를 중도에 그만두고 돌아온 것은 지금 내가 짜고 있는 베의 날실을 끊어버린 것과 무엇이 다르겠느냐?" 《열녀전(烈女傳)》

동의어　단기지계(斷機之誡), 맹모단기(孟母斷機)

해설　《열녀전》은 전한시대 말기에 유향이 저술한 책으로 그 시대를 살았던 걸출한 여성들의 삶을 기록한 책이다. 유향은 경학자이자 문헌학자, 문학자로 활동한 인물로 이 밖에도 《전국책》, 《설원(說苑)》, 《신서(新序)》 등을 남겼다.

邯 땅이름 한
鄲 조나라 서울 단
之 어조사 지
步 걸음 보

한단지보
邯鄲之步

자기 분수를 모르고 무턱대고 남을 흉내 내다가 이것저것 다 잃게 된다.

자기의 원래 걸음걸이마저 잊어버리고

조나라의 공손룡이 자신의 학문이 최고라고 자부하던 차에 장자의 명성을 듣게 되었다. 공손룡은 장자를 만나 지혜를 겨뤄보려고 위나라의 위모를 찾아가 장자의 도에 대해 넌지시 물었다. 위모가 공손룡의 속셈을 알아채고는 이렇게 대답했다.

"자네는 시골 출신 젊은이가 조나라 도읍지 한단으로 걸음걸이를 배우러 갔던 이야기를 듣지 못했는가? 그는 한단의 걸음걸이를 제대로 배우기도 전에 자기의 원래 걸음걸이마저 잊어버리고는 기어서 돌아갈 수밖에 없었다네. 그와 마찬가지로, 자네도 장자의 도는커녕 자네 본래의 지혜마저 잊어버리게 될 걸세." 《장자(莊子)》

발일모 이천하 불위
拔一毛 利天下 不爲

拔 뽑을 발
一 한 일
毛 터럭 모
利 이로울 이
天 하늘 천
下 아래 하
不 아닐 불
爲 할 위

자신의 몸에 난 털 하나를 뽑음으로써 천하를 이롭게 할 수 있는 일조차도 하지 않는다. 다른 사람은 생각하지 않는 극단적 이기주의를 일컫는 말.

터럭 하나를 뽑아 천하가 이롭더라도

위나라의 양주라는 사람은 온갖 잡설이 난무하던 춘추전국시대의 혼란에 맞서 자기 혼자만 쾌락하면 모든 게 좋다는 위아설(爲我說), 즉 이기적 쾌락을 주장하면서 자신의 정신과 생명을 소중하게 여길 것을 설파한 사상가였다. 그가 남긴 말 중에 '나의 털 한 올을 뽑는 것이 천하에 이득이 되더라도 절대로 그렇게 하지 말라(拔一毛 利天下 不爲)'는 이야기는 특히 유명하다. 《맹자(孟子)》

溫 익힐 온
故 옛 고
知 알 지
新 새 신

온고지신
溫故知新

옛것을 익히고, 그것을 미루어 새것을 알다.

옛 교훈을 배우면 얻는 바가 있다

공자께서 말씀하셨다. "옛것을 익혀서 새것을 아는 사람이라면(溫故而知新) 남의 스승이 될 만하다."

《논어(論語)》

동의어 박고지금(博古知今), 이고위감(以古爲鑑), 학우고훈(學于古訓)

해설 《논어》〈위정〉편에 나온다. 새로운 것에만 치우치면 지식의 폭이 좁아질 수밖에 없다. 옛것에서 배우고 , 그것에 새로운 것을 더해야 폭넓은 사람이 된다는 뜻이다. 동의어 '학우고훈'은 《서경(書經)》에 나온다. "사람이 많이 듣기를 원하면 일을 이룰 수 있고, 옛 교훈을 배우면 얻는 바가 있다."

심부재언 시이불견
心不在焉 視而不見

心	마음 심
不	아닐 부(불)
在	있을 재
焉	어조사 언
視	볼 시
而	말 이을 이
見	볼 견

하고자 하는 마음이 없으면 어떤 일을 해도 제대로 보이지 않아 훌륭한 성과를 거둘 수 없다.

하고자 하는 마음이 없으면

마음에 두고 있지 않으면 보아도 보이지 않고(心不在焉 視而不見), 들어도 들리지 않으며(聽而不聞), 먹어도 그 맛을 알지 못한다(食而不知其味).

《대학(大學)》

해설 마음이 바로 서지 못하면 세상의 모든 것을 건성으로 보게 되어 실상을 제대로 알지 못하고, 무엇을 듣더라도 참된 의미를 파악하지 못하며, 무엇을 먹더라도 참맛을 느끼지 못한다. 마음을 어떻게 먹고 다스리느냐에 따라 인생사가 완전히 달라지는 것이다.

改 고칠 개
過 허물 과
遷 옮길 천
善 착할 선

개과천선
改過遷善

지나간 허물을 고치고 착한 사람으로 다시 태어나다.

굳은 각오로 지난날의 허물을 고친다면

진나라 때 양흠 땅에 사는 주처는 조실부모한 뒤 어려서부터 난폭하고 방탕한 생활을 하며 지내다 철이 들면서 자신의 허물을 깨닫고 새사람이 되겠다고 굳은 결심을 했다.

그러나 아무도 그의 말을 믿지 않았고, 심지어 사람들은 산중에 있는 호랑이와 싸워 이긴다면 그 말을 믿겠노라고 했다. 하지만 주처가 실제로 호랑이를 물리치고 돌아와도 사람들은 그를 믿지 않았다.

실망한 주처가 저명한 학자 육기를 만나 하소연하자 그가 이렇게 말했다. "굳은 각오로 지난날의 허물을 고치고 새사람이 된다면(改過遷善), 자네의 앞길은 무한하네." 이에 용기를 얻은 주처는 더 열심히 노력하여 후에 이름난 학자가 되었다. 《진서(晉書)》

동의어   개사귀정(改邪歸正)

양상군자
梁上君子

梁 들보 량(양)
上 윗 상
君 임금 군
子 아들 자

대들보 위에 있는 군자. 도둑을 달리 부르는 말.

대들보 위에 숨어 있는 군자처럼

후한 말기는 수년째 흉년이 들어 백성들의 살림이 무척 곤궁해서 도둑들이 유난히 많았다. 어느 날 태구현감 진식의 집에 도둑이 들어 대들보 위에 올라서 가만히 기회를 엿보았다. 그러자 진식이 짐짓 못 본 체하며 자녀들을 불러 이렇게 훈계했다.

"사람은 작은 버릇이 습성이 되어 나쁜 일을 저지르게 될 뿐, 악행을 저지르는 사람이라도 원래부터 본바탕이 나쁜 것은 아니다. 가령 지금 대들보 위(梁上)에 있는 저 군자(君子)도 마찬가지이다."

도둑은 이 말을 듣고 양심의 가책을 느껴 대들보 위에서 내려와 사죄했다. 진식은 그를 용서하며 비단 두 필을 주어 돌려보냈고, 이후부터 태구 땅에 도둑이 사라졌다. 《후한서(後漢書)》

동의어 녹림호걸(綠林豪傑), 무본대상(無本大商), 초두천자(草頭天子)

覆 뒤집힐 복
車 수레 거
之 어조사 지
戒 경계 계

복거지계
覆車之戒

앞사람의 실패를 거울삼아 뒷사람은 조심하여 실패가 없도록 하라.

앞서 가는 수레가 뒤집히는 것을 보고도

후한의 환제 때, 환관 세력이 날로 강해져 횡포가 심해지자 신하들이 들고일어나 그들을 엄히 다스려야 한다고 말했다. 이에 환관들이 도리어 자기들을 모함한다며 그들을 당장 처벌하라고 임금을 압박했다.

임금은 어쩔 수 없이 몇몇 신하들을 옥에 가두었는데, 이때 대부 두무가 간언했다. "만일 환관들의 전횡을 방치하면 예전 왕조들의 실패를 반복하는 것으로, 이는 앞서 가는 수레가 뒤집히는 것을 보고도 그대로 그 길을 가는 것이 됩니다(覆車之戒)." 임금은 당장 체포한 신하들을 풀어주고 환관들이 더 이상 날뛰지 못하도록 단단히 단속했다.

《진서(晉書)》

동의어 　은감불원(殷鑑不遠), 전거복철(前車覆轍), 전철(前轍)

행원필자이
行遠必自邇

行	다닐 행
遠	멀 원
必	반드시 필
自	어조사 자
邇	가까울 이

'천 리 길도 한 걸음부터'라는 속담과 같다. 아무리 먼 길이라도 반드시 가까운 곳으로부터 시작된다는 뜻.

먼 곳을 가려면 반드시 가까운 곳으로부터

군자의 도란 비유하자면 먼 곳을 가려면 반드시 가까운 곳으로부터 출발해야 하는 것과 같고(行遠必自邇), 높은 곳을 오르려면 반드시 낮은 곳으로부터 시작해야 하는 것과 같다(登高必自卑).

《중용(中庸)》

해설 군자가 도를 닦는 일은 말하자면 먼 곳을 떠나거나 높은 산에 오르는 일과 같아서 처음부터 착실히 발걸음을 해야 한다. 도를 닦는 일은 한 그릇의 물을 마시듯이 단숨에 되지 않고 반드시 가까운 곳에서부터, 그리고 반드시 낮은 곳으로부터 시작된다는 가르침이다.

本 근본 본
立 설 립
道 길 도
生 날 생

본립도생
本立道生

기본이 제대로 서면 길은 자연히 열린다.

군자는 근본에 힘쓴다

공자의 제자인 유자가 말했다. "사람됨이 부모에게 효도하고 어른
을 공경하면서 윗사람 해치기를 좋아하는 사람은 드물다. 윗사람
해치기를 싫어하면서 질서를 어지럽히기를 좋아하는 사람은 없다.
군자는 근본에 힘쓰는 것이니, 근본이 확립되면 따라야 할 올바른
도리가 생겨난다(本立道生). 효도와 공경은 바로 인을 실천하는 근
본이다."   《논어(論語)》

해설 《논어》〈학이〉편에 나온다. 세상의 모든 일은 근본이 탄탄히 확립되면 그다음엔 도
리가 뒤따라 일이 이루어진다는 뜻이다. 기본을 무시해서 큰 낭패를 보는 우리 현
실을 꼬집는 듯하다. 유자는 공자가 사랑한 제자 유약을 가리킨다.

제2장

물水

나무에 올라
물고기를 구하다

욕속부달
欲速不達

欲 욕심 욕
速 빠를 속
不 아닐 부
達 이를 달

성급하게 서두르면 일이 성사되기 어렵다. 마음이 급하면 도리어 망치게 된다는 뜻.

급히 서두르지 말고, 작은 것에 집착하지 마라

자하가 어느 고을의 태수가 되자 공자에게 바른 정치에 대해 물었다. 이에 공자가 대답했다. "급히 서두르지 말고, 작은 것에 집착하지 마라. 급하게 서두르면 일이 성사되기 어렵고(欲速不達), 작은 것에 매달리다 보면 큰일을 이루지 못한다(欲巧反拙)." 《논어(論語)》

해설 《논어》〈자로〉편에 나온다. 매사에 너무 서두르거나 작은 것에 집착하는 태도는 바른 정치에 반하니 모름지기 대범하게 일처리를 하라는 가르침이다.

左 왼 좌
顧 돌아볼 고
右 오른쪽 우
眄 애꾸눈 면

좌고우면
左顧右眄

왼쪽을 바라보고 오른쪽을 돌아보다. 여러 갈래로 생각하고 자세히 살펴보느라 결단을 내리지 못하고 우왕좌왕하는 태도를 비유하는 말.

생각이 너무 많아 결단을 내리지 못하는

조조의 다섯째 아들 조식(曹植)은 빼어난 문장가였다. 그가 지은 시 중에 나오는 말로, 원래는 좌우를 살펴보아도 자기만 한 사람이 없다고 생각하는 자신만만한 모습을 표현하는 말이었는데 후에 그 의미가 바뀌어 어떤 일에 대한 생각이 지나쳐서 결단을 내리지 못하고 우물쭈물하는 모습을 비유적으로 쓰는 말이 되었다.

해설 조식은 후에 조조의 뒤를 이어 위나라 황제가 된 조비의 동생이다. 어려서부터 재능과 학식이 출중하여 조조가 특히 사랑했다. 뛰어난 시인으로 이름이 높았다.

호의미결
狐疑未決

狐 여우 호
疑 의심할 의
未 아닐 미
決 결단할 결

여우가 의심이 많아 쉽사리 결단을 내리지 못하듯이 어떤 일을 하면서 의심 탓에 쉽사리 결행하지 못하다.

겨울강을 건너며 여우를 앞세우는 이유

황하의 나루터인 맹진과 하진은 겨울에 강이 얼면 얼음의 두께가 몇 장(丈)이나 될 정도여서 수레가 지나도 끄떡없었다. 그래도 사람들은 안심하지 못하고 여우를 먼저 건너게 하곤 했는데, 이유는 귀가 밝은 여우가 얼음 밑에서 물소리가 나면 재빨리 돌아오기 때문이었다. 여우가 무사히 건너면 사람들은 그제야 안심을 하고 강을 건넜다.

《술정기(述征記)》

동의어 호의불결(狐疑不決)

首 머리 수
鼠 쥐 서
兩 두 량(양)
端 끝 단

수서양단
首鼠兩端

구멍 속에서 머리를 내민 쥐가 나갈까 말까 망설이다. 거취를 결정하지 못하고 우왕좌왕하는 모양을 가리키는 말.

구멍에 머리만 내민 쥐새끼처럼

전한의 경제 때, 두영과 전분이 사소한 일로 시비를 벌이다 왕에게 흑백을 가려달라고 했다. 이에 경제가 어사대부 한안국의 의견을 묻자 판단하기 곤란하다며 회피했다. 다른 신하들에게 물어도 마찬가지였다. 이에 왕은 진노했고, 전분은 왕의 마음을 어지럽힌 것을 부끄럽게 여기고 사직서를 제출했다. 전분이 대궐을 나가며 한안국에게 말했다.

"당신은 비겁하게도 구멍에 머리만 내민 쥐새끼처럼 이리저리 엿보기만 했소(首鼠兩端)."　　　　　　　　　　　　　《사기(史記)》

동의어　좌고우면(左顧右眄), 좌첨우고(左瞻右顧)

견란구계
見卵求鷄

見 볼 견
卵 알 란
求 구할 구
鷄 닭 계

달걀을 앞에 놓고 닭이 되어 울기를 바라다. 지나치게 성급하다는 뜻.

달걀을 보고 닭 울음소리가 나기를 바라다

구작자가 스승 장오자에게 물었다. "공자의 말에 의하면 성인(聖人)은 속된 세상사에 종사하지 않고, 함부로 명리를 추구하지 않으며, 말하지 않아도 말한 듯 말해도 말하지 않은 듯하면서 속세를 떠나 노닌다고 했습니다. 공자는 이를 도를 실행하는 일이라고 했는데, 스승님께서는 어떻게 생각하십니까?"

이에 장오자가 대답했다. "네가 어찌 그 말의 참뜻을 알겠느냐? 너는 마치 달걀을 보고 닭 울음소리로 새벽을 알리기를 바라거나 탄알을 보고 새 구이를 먹기를 바라는 것과 같이(見卵而求時夜 見彈以求鴞炙) 지나치게 서두르는 것 같구나." 《장자(莊子)》

해설　《장자》〈제물론〉편에 나오는 이야기이다. 구작자(瞿鵲子)는 '겁 많은 까치 선생'이라는 뜻이고 장오자(長梧子)는 '키다리 오동나무 선생'이라는 말이다. 《장자》는 〈내편〉, 〈외편〉, 〈잡편〉으로 나뉘는데, 〈제물론〉은 〈내편〉에 있다.

拔 뽑을 발
苗 모 묘
助 도울 조
長 길 장

발묘조장
拔苗助長

급하게 서두르다 도리어 일을 그르치다.

성미 급한 농부의 모내기

송나라 때 어느 마을의 농부가 모내기를 한 후에 벼가 얼마나 자랐는지 보려고 논에 나가 보았다. 그런데 아무리 봐도 다른 사람의 벼보다 덜 자란 것 같기에 자기 논의 벼의 순을 잡아 빼보니 약간 더 자란 것 같았다.

농부는 하루 종일 이 일을 했고, 저녁 때 집에 돌아와서는 식구들에게 자랑삼아 이야기했다. 기겁을 한 가족들이 이튿날 일찍 논에 나가보니 벼는 이미 하얗게 말라죽어 있었다. 《맹자(孟子)》

해설 《맹자》〈공손추 상〉편에 나온다. 너무 성급하게 결과를 내려고 서두르다 보면 오히려 일을 망친다는 가르침이다.

경궁지조
驚弓之鳥

驚 놀랄 경
弓 활 궁
之 어조사 지
鳥 새 조

한번 화살에 크게 놀란 새는 구부러진 나무만 봐도 놀란다. 무엇에 한번 놀란 사람은 작은 일에도 겁을 먹고 위축된다는 뜻.

싸움에 패한 장수는 자기를 이긴 상대를

위나라의 명궁 경리가 왕과 함께 산책할 때, 날아가는 기러기들을 화살 없이 시위만 당겨도 떨어뜨릴 수 있다고 장담했다. 경리가 그 자리에서 정말로 빈 활시위를 당겼는데 맨 뒤에 날아가던 기러기 한 마리가 뚝 떨어졌다. 왕이 연유를 묻자 경리가 대답했다.

"이 기러기는 얼마 전에 제가 쏜 화살에 맞아 다친 적이 있습니다. 아직 상처가 아물지 않아 맨 뒤에서 힘겹게 날아가며 구슬피 우는 소리를 듣고 당장 알아봤습니다. 이 새는 활시위가 당겨지는 소리만 듣고도 놀라 땅에 떨어진 것입니다." 싸움에 패한 장수는 자기를 이긴 상대에 두려움을 갖게 마련이니 다시 그와 싸울 때는 조심해야 된다는 뜻으로 쓰는 말이다. 《전국책(戰國策)》

동의어 상궁지조(傷弓之鳥), 징갱취제(懲羹吹虀)

風 바람 풍
聲 소리 성
鶴 학 학
唳 울 려

풍성학려
風聲鶴唳

바람소리와 학의 울음소리. 겁을 먹은 사람은 하찮은 일에도 놀란다는 뜻.

먼 산의 풀과 나무들만 봐도 기겁을 한다

전진의 왕 부견이 동진의 왕 사현에게 대패하고 도망갈 때, 겨우 목숨을 건진 병사들이 적의 위세에 얼마나 겁을 먹었던지 바람소리와 학의 울음소리만 들려도(風聲鶴唳) 적군이 뒤쫓아 오는 줄 알았고, 먼 산의 풀과 나무들만 봐도 적군인 줄 알고 기겁을 했다는(草木皆兵) 고사에서 나온 말이다. 겁에 질리면 하찮은 일에도 놀라게 된다는 뜻으로 쓰인다. 《진서(晉書)》

동의어 초목개병(草木皆兵)

해설 '풍성학려'나 '초목개병'은 전쟁을 하면서 패하는 것은 적이 강대해서가 아니라 일시적인 패배나 과장된 소문에 두려움을 느껴 스스로 무너질 때가 많다는 사실을 보여준다. 춘추전국시대의 수많은 전쟁에서 패하는 군대는 이렇게 지휘관의 유약한 정신과 땅에 떨어진 신뢰가 문제일 때가 많았다. 전쟁에서 병사들이 갖는 심리적 요소가 승패를 결정하는 가장 중요한 부분이라는 것이다.

사공명주생중달
死孔明走生仲達

死	죽을 사
孔	구멍 공
明	밝을 명
走	달릴 주
生	살 생
仲	버금 중
達	통달할 달

죽은 제갈량 때문에 살아 있는 사마의가 도망친다. 죽은 뒤에도 적이 두려워할 만큼 뛰어난 장수를 일컫거나 그로 인한 겁쟁이를 일컫는다.

죽은 제갈공명이 살아 있는 사마중달을

촉나라의 제갈공명이 위나라 대장군 사마의와 오장원에서 대치하던 중에 지병으로 죽고 말았다. 실의를 빠진 촉나라 군사들이 철수하자, 항상 제갈공명의 기만전술에 당해온 사마의는 적장이 죽었다는 풍문을 들었으나 적군의 대대적인 철수 작전이 도리어 위나라 군대를 유인하기 위한 술책이라고 판단하고 급히 달아나기 시작했다. 백성들은 이 사실을 두고 '죽은 제갈공명이 살아 있는 사마중달을 도망치게 했다(死孔明走生仲達)'고 했다. 《삼국지(三國志)》

해설 '중달(仲達)'은 사마의의 자(字)이다. 사마의는 조조가 죽은 뒤에 위나라의 권력을 잡았고, 후에 서진(西晉)이라는 나라가 세워지는데 이 나라의 황제 사마염이 바로 사마의의 손자이다.

毆 칠 구
槃 쟁반 반
捫 어루만질 문
燭 촛불 촉

구반문촉
毆 槃 捫 燭

맹인이 쟁반을 두드리고 초를 만지다. 어떤 사실을 정확히 파악하지 못하고 섣불리 지레짐작하는 것을 이르는 말.

태양을 쟁반이나 촛대라고 믿었던 맹인

어느 맹인이 태양이 어떻게 생겼는지 궁금하여 다른 사람에게 물었는데, 어떤 사람이 쟁반같이 생겼다고 하자 쟁반을 두드려보고 그 소리를 기억해두었다가 나중에 종소리를 듣고 태양이라 하였고, 또 어떤 사람이 촛불처럼 빛을 낸다고 하자 촛대를 만져보고 그 느낌을 기억해두었다가 나중에 피리를 만져보고 태양이라고 했다. 　　　　　　　　　　　소동파(蘇東坡)의 〈일유(日喩)〉

동의어　군맹무상(群盲撫象), 군맹평상(群盲評象), 종반촉약(鍾盤燭籥)

군맹무상
群盲撫象

群 무리 군
盲 소경 맹
撫 어루만질 무
象 코끼리 상

여러 맹인들이 코끼리의 몸을 더듬다. 저마다 자기만의 좁은 소견에 따라 사물을 그릇 판단한다는 뜻.

좁은 소견으로 상대를 판단하는

인도의 어떤 왕이 진리에 대해 말하다가 코끼리를 데려오라고 명하고는 맹인 여섯 명을 불러 손으로 만져보고 각기 자기가 알고 있는 코끼리에 대해 말해보라고 했다. 그러자 그들은 각자 자신이 만진 부분으로만 코끼리의 형상을 표현했다.

이에 왕이 말했다. "코끼리는 하나인데, 저들은 제각기 자기가 만진 것만을 코끼리로 알고 있으면서도 조금도 부끄러워하지 않는구나. 진리를 아는 것도 이와 같다."

《열반경(涅槃經)》

동의어　구반문촉(毆槃捫燭), 군맹평상(群盲評象), 맹완단청(盲玩丹靑)

牽 끌 견
強 억지로 시킬 강
附 붙을 부
會 모을 회

견강부회
牽強附會

이치에 맞지 않는 말을 끌어다 억지로 자기의 조건에 맞추다.

얼토당토않은 일을 억지로 우기다

'견강'은 이치에 맞지 않는 것을 억지로 끌고 가는 것을 말하고, '부회'는 퍼즐조각을 일일이 맞추는 것처럼 억지로 갖다 붙이는 것을 말한다. 얼토당토않은 말이나 행위를 억지로 맞는다고 우기는 사람을 가리켜 하는 말이다. 《얼해화(孽海花)》

동의어 수석침류(漱石枕流), 아전인수(我田引水), 영서연설(郢書燕說), 추주어륙(推舟於陸)

해설 동의어 '추주어륙'은 물이 없는 육지에서 억지로 배를 밀고 가려 한다는 뜻으로, 어떤 일을 억지스러운 고집불통으로 실행하려 할 때 쓰는 표현이다.

엄이도종
掩耳盜鐘

掩 가릴 엄
耳 귀 이
盜 도둑 도
鐘 쇠북 종

귀를 막고 종을 훔치다. 자기만 듣지 않으면 남도 못 듣는다고 생각하는 어리석은 행동이나 잔꾀를 부려 남을 속이려 하는 행동을 일컫는 말.

누가 소리를 들을까 봐 자기의 귀를 막다

진나라에서 높은 벼슬을 지낸 사람이 망하자 도둑이 그의 집에 있는 종을 훔치러 들어갔다. 하지만 종이 너무 무거워 도저히 가져갈 수 없었다.

이에 도둑은 깨뜨려서 갖고 가면 되겠다고 생각하고 망치로 내려쳤다. 그러자 종이 요란한 소리를 냈고, 도둑은 누가 그 소리를 들을까 봐 재빨리 자기의 귀를 막았다. 자기만 듣지 않으면 남도 듣지 못하리라고 여긴 것이다.

《여씨춘추(呂氏春秋)》

동의어   엄목포작(掩目捕雀), 엄이도령(掩耳盜鈴), 엄이투령(掩耳偸鈴)

해설   《여씨춘추》는 진나라의 재상 여불위가 주도하여 편찬한 백과사전으로, 진나라 장양왕의 즉위에 공을 세우고 시황제 초기까지 재상으로 재임했던 여불위가 식객 3,000명에게 저술을 맡겨 편찬했다고 한다.

用 쓸 용
管 대롱 관
窺 엿볼 규
天 하늘 천

용관규천
用管窺天

대롱을 통해 하늘을 보다. 소견이나 견문이 매우 좁다는 뜻.

대롱을 들고 하늘을 보는 것과 같다

주나라의 명의 편작이 괵나라에 갔을 때, 방금 태자가 죽었다는 말을 들었다. 그런데 어의를 만나 태자의 병에 대해 전해 들은 편작이 고개를 갸웃거리며 말했다. "내가 태자를 소생시켜보겠소."
어의가 자신의 판단을 믿지 않는 편작의 처사에 화를 내자, 그가 이렇게 대꾸했다. "당신의 의술은 대롱을 들고 하늘을 보는 것과 같아서 전체를 살폈다고 볼 수 없소(用管窺天). 태자는 아직 죽지 않았다고 확신하오." 태자의 병세 중에 극히 일부분만을 보고 사망선고를 내렸다는 일갈이었다.
잠시 후, 편작이 태자의 몸 이곳저곳에 침을 놓자 숨을 길게 몰아쉬며 살아났다. 얼마간의 치료 끝에 태자가 일어나서 거동할 수 있게 되자, 온 나라에 편작이 죽은 사람도 살려냈다는 소문이 퍼졌다. 이에 편작이 말했다. "나는 죽은 사람을 소생시킨 게 아니라 아직 죽지 않은 사람을 고친 것뿐입니다."   《장자(莊子)》

동의어   이관규천(以管窺天), 정중지와(井中之蛙)

견우미견양
見牛未見羊

見 볼 견
牛 소 우
未 아닐 미
羊 양 양

소는 보았으나 양은 아직 보지 못했다. 무엇이든 직접 보지 않은 것보다 보고 들은 것을 더 생각하게 된다는 뜻.

눈에 띄지 않는 것에 대한 무심함

제나라 선왕이 도살장에 끌려가는 소를 보고 불쌍히 여겨 당장 놓아주라 명하고는 양으로 대신하라고 말했다. 소는 직접 보았으므로 가엾게 여기고, 양은 보지 않아 가엾은 줄을 몰랐다는 뜻이다.

《맹자(孟子)》

해설 《맹자》〈양혜왕장구 상〉편에 나오는 구절이다. 선왕과 맹자가 '왕의 도리(王道)'에 대하여 나눈 이야기가 배경이다. 왕은 눈에 띄지 않는 곳의 백성도 일일이 챙기고 보살펴야 한다는 뜻이다. '왕도정치'는 맹자의 핵심사상으로, 왕은 덕망 있는 사람이 되어 도덕적으로 어두운 사람들을 다스려야 한다는 것이 골자이다.

抱 안을 포
薪 섶 신
救 구할 구
火 불 화

포신구화
抱薪救火

섶을 안고 불을 끄다. 잘못을 고치려고 하는 행동이 오히려 더 큰 잘못을 부르게 된다는 뜻.

땔나무를 안고 불을 끄려는 어리석음

진나라가 주변국들을 무자비하게 공격할 때, 위나라 장수 단간자가 임금에게 간하기를 차라리 일부 땅을 진나라에 넘겨주고 강화조약을 맺자고 건의했다. 이에 소대가 말했다.

"설사 화친을 맺더라도 진나라의 침공은 그치지 않을 것입니다. 진나라와 강화조약을 맺는 것은 땔나무를 안고 불을 끄려는 것과 같습니다(抱薪救火)." 위나라 왕은 소대의 간언을 받아들이지 않고 진나라와 화의를 체결했다가 얼마 후 무자비한 공격을 받고 끝내 망하고 말았다.   《사기(史記)》

동의어　부신구화(負薪救火), 구화투신(救火投薪)

배수거신
杯水車薪

杯 잔 배
水 물 수
車 수레 거
薪 섶 신

한 잔의 물을 한 수레의 장작불에 끼얹어 불을 끄려고 하다. 역량이 미미하여 큰일을 도모할 수 없는 경우를 비유하기도 한다.

한 잔의 물을 불붙은 장작불에 끼얹었다

어진 것이 어질지 않은 것을 이기는 것은 물이 불을 이기는 것과 같다. 오늘날 어진 일을 행하는 사람은 한 잔의 물로 한 수레 가득 실린 땔나무에 붙은 불을 끄려는 것과 같다(杯水車薪).

이로 인해 불이 꺼지지 않으면 물이 불을 이기지 못한다고 말하니, 이는 심하게 어질지 못한 일로 결국에는 그런 작은 어짊마저 반드시 잃게 될 것이다.

《맹자(孟子)》

동의어　배수구거(杯水救車), 배수여신(杯水輿薪), 이란격석(以卵擊石)

해설　《맹자》〈고자 상〉편에 나온다. 어떤 일을 하면서 도저히 능력이 미치지 않아 불가능한데도 어리석게도 그 일을 계속한다는 뜻이다. 동의어 '이란격석'은 '달걀로 바위를 친다'는 뜻으로, 터무니없이 무모한 일을 하는 것을 비유하는 말이다.

矯 바로잡을 교
角 뿔 각
殺 죽일 살
牛 소 우

교각살우
矯角殺牛

뿔의 모양새를 바로잡으려다 소를 죽이고 만다. 잘못을 고치려다 방법이 지나쳐 오히려 일을 망친다는 뜻.

잘못을 고치려다 일을 망치다

고대 중국에서는 종(鐘)을 만들 때 뿔이 곧고 잘생긴 소의 피를 종에 바르고 제사를 지냈다. 한 농부가 제사에 쓸 소의 뿔이 조금 삐뚤어져 있어 바로잡으려고 팽팽하게 동여맸더니 뿔이 그만 뿌리째 빠지는 바람에 소가 죽고 말았다는 고사에서 나온 말이다.

《현중기(玄中記)》

동의어 교왕과직(矯枉過直), 소탐대실(小貪大失)
해설 동의어 '교왕과직'은 굽은 것을 바로잡으려다 지나치게 곧게 만든다는 뜻으로, 잘못을 바로잡으려다 지나쳐서 오히려 더 나쁘게 되는 것을 말한다. 어떤 폐단을 고치려고 새로운 정책을 세웠는데, 이 일로 오히려 폐단이 더 기승을 부리거나 더 큰 문제를 야기하는 경우를 말한다.

당랑거철
螳螂拒轍

螳 사마귀 당
螂 사마귀 랑
拒 막을 거
轍 바퀴자국 철

사마귀가 수레바퀴를 막아서다. 자기의 힘은 헤아리지 않고 강자에게 함부로 덤비는 행동을 비유적으로 이르는 말.

팔뚝을 휘두르며 수레에 맞서는 사마귀

노나라의 학자 장여면이 현자 계철에게 말했다. "노나라 왕이 내게 가르침을 받고 싶다기에 몇 차례 사양하다가 '반드시 공손히 행동하고, 공정하며, 곧은 사람을 발탁하여 사심 없이 일하게 하면 백성들이 자연히 유순해질 것'이라고 말해주었습니다. 맞는 말인지요?"

이에 계철이 말했다. "그대의 말은 마치 사마귀가 팔뚝을 휘둘러 수레에 맞서는 것과 같다(螳螂拒轍). 제왕이 그렇게 평범한 사람처럼 행동했다가는 자칫 커다란 위험에 빠지게 되고, 오히려 번거로운 일이 많아질 것이다."

《장자(莊子)》

동의어　당랑당거(螳臂當車), 당랑지부(螳螂之斧)

夜 밤 야
郎 사내 랑
自 스스로 자
大 큰 대

야랑자대
夜郎自大

자기 역량을 모르고 함부로 위세를 부리다.

자기의 주제도 모르고 날뛰다

한나라 때 도처에서 오랑캐들이 출몰했는데, 그중에 대륙 서남쪽에 있던 야랑국(夜郎國)은 제법 세력이 강대했다. 한번은 한나라 조정에서 사신이 왔는데, 야랑국의 왕이 자기들의 세력을 자랑하면서 물었다. "한나라의 국력이 우리를 따를 수 있겠소?" 《사기(史記)》

동의어 감중지와(坩中之蛙), 정저지와(井底之蛙), 좌정관천(坐井觀天)

해설 중국 대륙은 워낙 넓기 때문에 대륙 한복판에도 많은 나라들이 군웅할거하고 있었지만 북쪽이나 남쪽, 서쪽 변방에도 무수히 많은 작은 나라들이 도사리고 있었다. 이런 나라들의 크고 작은 도발에 큰 나라들은 골치를 앓았다.

반문농부
班門弄斧

班	나눌 반
門	문 문
弄	희롱할 롱(농)
斧	도끼 부

재주가 뛰어난 사람 앞에서 자신의 능력은 생각지 않고 함부로 날뛰며 덤비다.

관운장 앞에서 칼을 휘두르다

노나라의 반수는 목조 기술의 달인으로 누구도 따라갈 수 없을 정도로 솜씨가 뛰어나 명공(名工)으로 유명했다. 그런데 이따금 그를 흉내 내어 그의 집 앞에서 도끼질 솜씨를 자랑하는 사람들이 있었기에 생긴 말이다. 천하제일의 장수 관운장 앞에서 큰 칼을 휘두른다는 뜻의 '관공면전사대도(關公面前耍大刀)'와 같은 말이다.

《여매성유서(與梅聖俞書)》

해설 관운장은 유비, 장비와 함께 도원결의로 의형제를 맺고 촉나라의 무장으로 활동한 관우를 말한다. 후대 사람들에게 충신의 전형으로 불릴 만큼 우직하게 유비를 보좌했다. 관우는 수많은 무장 중에서도 충성심과 의리, 탁월한 용맹과 무예, 당당한 성품 등이 두드러져 후대 사람들에게 신으로까지 숭배되고 있다.

言 말씀 언
過 지나칠 과
其 그 기
實 바탕 실

언과기실
言過其實

말이 사실보다 지나치다. 말이 과장되고 실행이 부족하다는 뜻.

말이 실제보다 지나치니 조심하라

제갈량 휘하의 장수 마속은 뛰어난 언변에 영리한 두뇌의 소유자로, 군사작전에 탁월한 재능을 지닌 인물이었다. 하지만 유비는 마속을 탐탁찮게 여겨 제갈량에게 이렇게 말하곤 했다.

"마속은 말이 실제보다 지나치니(言過其實) 절대 높이 등용하지 마시오." 한마디로 마속은 허풍이 센 인물이니 조심하라는 뜻이었다.

유비가 죽은 뒤, 위나라 사마의가 공격해왔을 때 마속이 자신이 당장 달려가 막아내겠다고 청하자 제갈량은 수비만 하고 절대 공격해서는 안 되며 만약 공격을 할 시에는 반드시 자신의 명에 따라야 한다는 군령을 내렸다.

그러나 마속은 사마의의 꾐에 넘어가 섣불리 공격에 나섰다가 대패하고 말았다. 이에 제갈량은 비록 마속을 총애하지만 군령을 어긴 죄로 참형에 처했다. '울며 마속의 목을 베다'라는 뜻의 읍참마속(泣斬馬謖)은 여기서 유래되었다.　　　《삼국지(三國志)》

송양지인
宋襄之仁

宋 송나라 송
襄 도울 양
之 어조사 지
仁 어질 인

쓸데없이 인정을 베풀다 도리어 큰 손해를 보다.

쓸데없는 인정에 스스로를 망친 군주

송나라 양공이 초나라 군대와 싸울 때, 전쟁터에 먼저 도착한 송나라 군대는 전열 정비를 마쳤지만 초나라 군대는 아직 강을 건너지 못한 상태였다. 그때 부하장수가 달려와 양공에게 아뢰었다.

"초나라 군대가 아직 절반밖에 강을 건너지 못했으니 지금 당장 공격하면 이길 수 있습니다."

그러나 양공은 곤란한 처지에 놓인 적을 공격하는 것은 장수의 도리가 아니라며 적군이 완전히 강을 건너 전열을 정비한 후에 싸우자고 말했다. 이에 송나라 군대는 초나라 군대가 완전히 싸울 태세를 마친 후에 싸움을 시작했지만 처참하게 패하고 말았고, 양공은 다리에 큰 상처를 입고 사흘 만에 죽고 말았다.

《춘추좌씨전(春秋左氏傳)》

緣 오를 연
木 나무 목
求 구할 구
魚 물고기 어

연목구어
緣木求魚

나무에 올라 물고기를 구하다. 불가능한 일을 시도하는 어리석음을 일컫는 말.

나무에 올라가 물고기를 구하다

제나라 선왕이 천하통일의 꿈을 품고 '제왕의 도(霸道)'에 대해 묻자 맹자가 말했다.

"왕께서 묻는 제왕의 도가 영토를 확장하여 제후들의 추앙을 받고 사방의 오랑캐들을 거느리고 싶은 것이라면, 이는 나무에 올라가 물고기를 구하는 것과 같습니다(緣木求魚). 나무에서 물고기를 구하는 것은 실패해도 별 탈이 없지만, 무력으로 세상을 얻으려면 백성을 잃고 나라를 망치는 재앙이 뒤따릅니다. 고기를 잡으려면 바다로 가야 하듯이 천하통일을 이루고 싶다면 대도를 걸으십시오."

《맹자(孟子)》

동의어 사어지천(射魚指天), 상산구어(上山求魚), 여호모피(與虎謀皮)

양호유환
養虎遺患

養 기를 양
虎 범 호
遺 남길 유
患 근심 환

호랑이를 길러 화근을 남기다. 언젠가는 화근이 될 일을 스스로 만든다는 말.

호랑이를 길러 후환을 남기는 일

진나라 말기의 혼란 속에서 유방이 한발 앞서 진나라 수도 함양에 입성한 후, 항우가 대대적인 공세를 펼칠 기미가 보이자 그들에 비해 군사력이 약한 유방이 일단 후퇴하여 후일을 기약했다.

얼마 후 군사력을 재정비한 유방이 항우에게 잠시 휴전하자고 제안하자, 항우는 유방이 자신의 위세에 눌려 스스로 몸을 낮춘다고 믿고 이를 선뜻 받아들였다. 이때 유방의 책사 장량이 말했다.

"지금 항우는 고립되어 있고 지지하는 세력도 얼마 없으니 당장 공격해야 합니다. 이때를 놓치면 호랑이를 길러 후환을 남기는 꼴이 됩니다(養虎遺患)."

유방은 장량의 말에 따라 즉시 군사를 이끌고 나가 방심하고 있던 항우를 쳐서 대승을 거두었다. 《사기(史記)》

동의어 자업자득(自業自得), 자작자수(自作自受)

守 지킬 수
株 그루터기 주
待 기다릴 대
兎 토끼 토

수주대토
守株待兎

그루터기에 앉아서 토끼가 나타나기를 기다리다. 고지식하고 융통성 없는 사람을 일컫는 말.

되지도 않을 일을 기다리는 사람

송나라의 한 농부가 밭을 갈다가 풀숲에서 뛰어나온 토끼가 밭 한가운데 있는 그루터기에 부딪혀 목이 부러져 죽는 걸 보았다. 이때부터 농부는 농사일은 그만두고 매일같이 그루터기 옆에 앉아 토끼가 뛰어나오길 기다렸다(守株待兎). 하지만 토끼는 두 번 다시 나타나지 않았고, 그사이에 밭은 엉망이 되어 온 마을의 웃음거리가 되고 말았다.

《한비자(韓非子)》

동의어 각주구검(刻舟求劍)

해설 《한비자》를 지은 한비는 요순시대의 왕도정치를 이상적인 것으로 여기는 사람들에게 그것은 시대에 뒤떨어진 사상이라고 주장하면서 이 말을 했다. '수주대토'는 낡은 관습에 매달려 새로운 시대에 따르지 못하는 행태를 꼬집고 있다. 이 이야기는 〈오두〉편에 나오는데, 오두는 '나라를 망치는 다섯 가지 좀'이라는 말로 '학자, 논객, 협사(俠士), 측근, 상공인' 등 다섯 부류를 말한다.

교주고슬
膠柱鼓瑟

膠 아교 교
柱 기둥 주
鼓 두드릴 고
瑟 거문고 슬

거문고의 기둥을 아교로 붙여놓고 거문고를 타다. 거문고 기둥에 아교를 칠하면 줄이 고정되어 한 가지 소리만 나듯이 융통성 없이 한 가지 원칙만 지키는 사람을 가리키는 말.

병법서만 달달 외웠던 장수의 무참한 패배

조나라 장군 조괄은 어려서부터 병법 공부에 전념하여 군사 이론에 높은 식견을 갖고 있었지만 진짜 전쟁터에 나간 적은 한 번도 없었다. 그가 장성하여 조나라의 장군이 되었을 때, 진나라 첩자들이 '진나라는 혈기왕성한 조괄이 대장군이 되는 것을 몹시 두려워한다'는 유언비어를 퍼뜨렸다.

이에 조나라 왕이 당장 조괄을 대장군에 임명하려고 하자 재상인 상여가 간언했다. "조괄을 대장군에 임명하는 것은 마치 기둥을 아교로 붙여놓고 거문고를 타는 것과 같습니다(膠柱鼓瑟). 그는 단지 병법서만 달달 외웠을 뿐 상황에 맞춰 응용할 줄 모릅니다."

그러나 조나라 왕은 끝내 조괄을 지휘관에 임명했고, 그는 병법서의 이론대로 곧이곧대로 작전을 펼치다가 전쟁에 대패하고 조나라 병사 45만 명과 함께 생매장을 당하고 말았다. 《사기(史記)》

鄭 나라 정
人 사람 인
買 살 매
履 신 리

정인매리
鄭人買履

정나라 사람이 신을 사러 가다. 실질적인 것을 도외시하며 융통성 없이 행동하는 사람을 비유적으로 일컫는 말.

발의 치수를 잰 것은 믿을 수 있어도

정나라의 어떤 사람이 신발을 사기 위해 자기 발의 크기를 재고는 종이에 적어놓았다. 시장에 나가 신발을 사려고 하는데, 그만 그 종이를 빠뜨리고 온 걸 알고는 부리나케 집으로 달려갔다.

그러곤 다시 시장에 나갔는데 그때는 이미 시장이 파한 뒤였다. 난감해하는 그에게 누군가 물었다. "왜 직접 신발을 신어보지 않았소?" 이에 그 사내가 대답했다. "발의 치수 잰 것은 믿을 수 있어도 내 발은 믿을 수 없기 때문이오."

《한비자(韓非子)》

해설 《한비자》〈외저설〉편에 나오는 일화로, 융통성 없이 곧이곧대로 행동하는 어리석음을 풍자하고 있다. 한비자는 춘추시대 제자백가들이 공리공담이나 일삼으며 실질을 외면하는 태도를 비판하고 있다. 또한 위정자들이 비현실적인 담론을 일삼는 자들에게 휘둘리는 행태를 신랄하게 비난하는 말이기도 하다.

동가식서가숙
東家食西家宿

東 동녘 동
家 집 가
食 먹을 식
西 서녘 서
宿 잘 숙

동쪽 집에서 먹고 서쪽 집에서 잠을 자다. 먹고 잘 곳이 없어 이리저리 떠돌아 다니며 얻어먹고 사는 것을 뜻함. 잇속을 차리기 위해 지조 없이 이리저리 빌 붙어 산다는 뜻으로도 쓰임.

밥은 동쪽에서 먹고, 잠은 서쪽에서 자고

제나라의 예쁜 처녀에게 두 집안에서 청혼이 들어왔다. 그런데 동 쪽 집의 총각은 부잣집 아들이지만 인물이 볼품없었고, 서쪽 집의 총각은 인물이 뛰어났지만 몹시 가난했다. 처녀의 부모가 본인 생 각을 알아보려고 이렇게 제안했다.

"만일 동쪽 집으로 가고 싶으면 오른손을 들고, 서쪽 집으로 가고 싶으면 왼손을 들어라." 그러자 딸이 망설임 없이 두 손을 번쩍 들 며 이렇게 대답했다. "밥은 동쪽 집에서 먹고, 잠은 서쪽 집에서 자 고 싶어요(東家食西家宿)."　　　　　　　《예문유취(藝文類聚)》

買 살 매
櫝 함 독
還 돌아올 환
珠 구슬 주

매독환주
買櫝還珠

보석을 담으려고 만든 나무상자를 사고, 그 안에 든 보석은 그냥 돌려주다. 외양에 현혹되어 진짜 중요한 것은 잃어버린다는 뜻.

아름다운 장식의 상자 속의 구슬

진나라 왕이 딸을 다른 나라 왕자에게 시집보낼 때, 온갖 보석 장식에 아름답게 수놓은 옷을 입은 시녀 70명을 딸려 보냈다. 그런데 왕자는 시녀들을 좋아하면서 딸은 외면했다. 진나라 왕은 딸을 좋은 곳에 시집보낸 게 아니라 시녀들을 좋은 곳에 시집보낸 꼴이 된 것이다.

초나라 상인이 구슬을 팔러 정나라로 갔다. 상인은 향기로운 나무에 물참새 털로 예쁘게 장식한 상자를 만들어 그 안에 옥을 넣었다. 그런데 정나라의 어느 부자는 그 상자만 살 뿐 구슬은 돌려주었다(買櫝還珠).

《한비자(韓非子)》

해설 유세가들이 현란한 말솜씨로 허황된 이야기를 하고 다니는데, 군주들은 그들에게 현혹되어 실질을 구별하지 못하고 있다고 꼬집는 내용이다.

읍참마속
泣斬馬謖

泣 울 읍
斬 벨 참
馬 말 마
謖 일어날 속

울면서 마속(馬謖)의 목을 베다. 아랫사람을 법대로 냉정하게 처단하여 조직의 질서를 바로잡는다는 뜻.

그를 총애하지만 군령을 어긴 죄를 묻겠다

촉나라의 제갈량에게는 마량이라는 절친한 벗이 있었는데, 마량의 동생 마속은 군사작전에 탁월한 재능을 지닌 인물이었다.

어느 해에 촉나라 군대가 위나라 대군과 가정(街亭)에서 맞서게 되었을 때, 마속이 당장 달려가 적군을 물리치겠다며 선봉을 자청했다. 이에 제갈량은 수비만 하고 절대 공격해서는 안 되며, 만일 공격을 하게 되더라도 자신의 명에 따르라는 군령을 내렸다.

그러나 마속은 사마의의 꼬임에 넘어가 섣불리 공격에 나섰다가 대패하고 말았다. 이에 제갈량은 비록 마속을 총애하지만 군령을 어긴 죄를 물어 단호히 목을 벰으로써 군율의 지엄함을 보여주었다(泣斬馬謖).

《삼국지(三國志)》

동의어　일벌백계(一罰百戒)

一 한 일
傅 스승 부
衆 무리 중
咻 떠들 휴

일부중휴
一傅衆咻

한 사람이 가르치는데 여러 사람이 떠들어대다. 주변 환경의 악영향으로 일의 성과가 없는 경우를 일컫는 말.

한 사람의 스승과 여러 사람의 소란

맹자가 송나라의 공족 대불승에게 물었다. "초나라의 대부가 아들에게 제나라 말을 가르치려고 하는데 제나라 스승에게 배우는 게 낫겠습니까, 초나라 스승에게 배우는 게 낫겠습니까?"

이에 대불승이 당연히 제나라 스승에게 배우는 게 낫다고 대답하자 맹자가 말했다. "한 명의 제나라 사람이 그를 가르치는데 여러 명의 초나라 사람이 그에게 마구 떠들어댄다면(一傅衆咻), 비록 매일같이 회초리로 때리며 제나라 말을 가르쳐도 결코 배우지 못할 것입니다."

《맹자(孟子)》

해설　《맹자》〈등문공 하〉편에 나온다. 한 사람이 바른 언행을 하며 모범을 보여도 여러 사람이 훼방을 놓으면 아무 소용이 없음을 비유적으로 하는 말이다.

용두사미
龍頭蛇尾

龍 용 룡
頭 머리 두
蛇 긴 뱀 사
尾 꼬리 미

용의 머리와 뱀의 꼬리. 시작은 좋았지만 끝이 매우 좋지 않다는 뜻.

용의 머리에 뱀의 꼬리처럼

송나라 때 진존자라는 고승이 있었다. 어느 날 우연히 만난 승려가 부처님의 말씀에 대해 몹시 아는 체하며 큰소리치는 걸 듣다가 그의 법력이 사실은 매우 보잘것없음을 간파하고는 이렇게 말했다. "그대는 단지 용의 머리에 뱀의 꼬리가 아닐까 의심스럽소(龍頭蛇尾). 호령하는 위세는 좋으나 큰소리를 친 후에는 무엇으로 마무리할 것이오?"

《주자어류 (朱子語類)》

반의어 시종일관(始終一貫)

以 써 이
升 되 승
量 헤아릴 량(양)
石 돌 석

이승양석
以升量石

되(升)로 섬(石)이 되는 양을 헤아리다. 어리석은 사람은 현명한 사람의 마음을 헤아리기 힘들다는 뜻.

뱁새가 황새를 따라가다 가랑이가 찢어진다

섬으로 계산되는 많은 양의 곡식을 되로써 계산한다는 뜻으로, 소견이 좁은 자나 어리석은 소인의 능력으로는 군자의 뜻을 헤아리지 못함을 비유적으로 이르는 말이다. '뱁새가 황새를 따라가다 가랑이가 찢어진다'는 속담과 같은 말이다.　　　　　《회남자(淮南子)》

해설　옛사람들은 곡식의 양을 재는 도량형의 기본단위로 1홉(合)은 1되(升)의 1/10, 1되는 1말(斗)의 1/10, 1말은 1섬(石)의 1/10로 계산했다. 벼 1섬의 무게와 쌀 1섬의 무게는 자연히 차이가 나게 된다. 도정을 하기 때문이다. '이승양석'은 1되들이 됫박으로 1섬의 쌀을 들어내려면 100번을 거듭해야 하니 그만큼 어리석은 수고를 한다는 뜻이다.

천금매소
千金買笑

千 일천 천
金 쇠 금
買 살 매
笑 웃을 소

천금을 주고 웃음을 사다. 쓸데없는 짓에 헛돈을 쓰는 것을 일컫는 말.

서주라는 나라가 망한 이유

서주의 유왕에게 포사라는 애첩이 있었는데, 평소에 좀체 웃지 않았다. 애를 태우던 유왕이 누구든 포사를 웃게 만드는 자에게 천금을 내리겠다고 했다. 이에 한 신하가 전쟁이 일어났다고 봉화를 올렸다가 제후들이 허탕치고 돌아가는 걸 보면 웃을 것이라고 했다. 유왕은 즉시 봉화를 올렸고, 제후들이 군사를 이끌고 허겁지겁 달려왔다. 유왕이 별일 아니니 그만 돌아가라고 하자 깃발을 거두고 툴툴거리며 돌아가는 제후들을 보고 포사가 손뼉을 치며 웃었다. 유왕은 약속대로 천금을 내렸다(千金買笑). 그 뒤 얼마 안 가 서주는 망하고 말았다. 포사의 웃음을 보려고 너무 자주 봉화를 올리자, 정작 적군이 침략해왔을 때는 제후들이 한 사람도 오지 않았기 때문이다. 《열국지(列國志)》

해설　《열국지》는 명나라의 풍몽룡(馮夢龍)이 민간에 전하는 여러 판본을 모아 편집해서 다시 쓴 책이다. 서주 말부터 진나라의 천하통일까지 춘추전국시대의 역사를 다룬다. 정식 명칭은 '동주열국지(東周列國志)'이다.

七 일곱 칠	
年 해 년	
之 어조사 지	# 칠년지병 구삼년지애
病 병 병	## 七年之病 求三年之艾
求 구할 구	
三 석 삼	
艾 쑥 애	

칠 년 동안 앓아온 병을 고치기 위해 삼 년 동안 말린 쑥을 구하다. 평소에 준비해두지 않다가 어떤 일을 당해 갑자기 구하려면 이미 때가 늦다는 말.

칠 년 동안 앓아온 병을 고치기 위해

군주가 나라의 평안을 위해 처음부터 인의에 기초한 정치를 펼쳐야지, 나라에 환란이 닥쳐서 뒤늦게 인의를 찾거나 인재를 구하는 것은 마치 칠 년 동안 앓아온 병을 고치기 위해 삼 년 동안 말린 쑥을 구하는 어리석은 태도와 같다. 그렇듯이 사람은 항상 만약의 사태에 대비해야지 어떤 일을 당한 뒤에는 이미 때가 늦다.

《맹자(孟子)》

임갈굴정
臨渴掘井

臨 임할 림(임)
渴 목마를 갈
掘 팔 굴
井 우물 정

'목마른 사람이 샘을 판다'는 속담과 같다. 준비 없이 갑자기 일을 당해 허둥대며 애를 쓴다는 뜻.

어리석은 자는 본래 후회가 많다

노나라 소공이 권력을 잃고 제나라로 피신했을 때, 제나라 경공이 몰락한 이유를 묻자 이렇게 답했다. "그동안 충신을 등용하지 않고 간신과 소인배만 가까이했기 때문입니다."

경공은 그가 잘못을 깊이 뉘우치고 있다고 보고 재상 안영에게 말했다. "우리가 소공이 노나라로 돌아가도록 도와주면 장차 훌륭한 군주가 되지 않겠소?" 이에 안영이 말했다.

"어리석은 자는 본시 후회가 많은 법입니다. 물에 빠진 자는 수로를 살피지 않았기 때문이며 길을 잃은 자는 길을 다른 사람에게 묻지 않았기 때문입니다. 물에 빠지고서야 수로를 찾고, 길을 잃고서야 길을 묻는 것은 목이 말라서야 급히 우물을 파는 것과 같으니(臨渴掘井) 아무리 서두른다 해도 이미 때가 늦은 것입니다."

《안자춘추(晏子春秋)》

동의어 갈이천정(渴而穿井), 임경굴정(臨耕掘井)

千 일천 천
丈 장 장
之 어조사 지
堤 둑 제
潰 무너질 궤
自 스스로 자
蟻 개미 의
穴 구멍 혈

천장지제 궤자의혈
千丈之堤 潰自蟻穴

아주 높고 튼튼한 둑도 개미구멍 하나로 인해 무너질 수 있다.

천 길 높은 둑도 개미구멍 하나로 무너진다

천 길 높은 둑도 땅강아지와 개미구멍에 의해 무너지고(千丈之堤 潰自蟻穴), 백 척 높이의 집도 굴뚝 사이로 나는 연기로 인해 타게 된다.

치수 (治水)에 공이 컸던 위나라 재상 백규가 둑을 돌아볼 때는 작은 구멍을 미리 살펴서 막았고, 노인들이 불을 조심할 때는 굴뚝의 작은 틈새부터 살폈다. 따라서 백규에게는 물의 피해가 없었고, 노인이 있는 집에는 화재의 염려가 없었다. 《한비자(韓非子)》

도행역시
倒行逆施

倒	거꾸로 도
行	다닐 행
逆	거스를 역
施	베풀 시

순리에 따르지 않고 정상적인 원칙을 벗어나 억지로 행하다.

해는 저물고 갈 길은 멀기에

오자서는 원래 초나라 사람으로 평왕이 아버지와 형을 살해하자 오나라로 건너가 합려를 섬기며 복수의 날을 기다렸다. 후에 합려가 초나라를 무너뜨리자 오자서는 평왕의 무덤을 파헤쳐 시신에 매질을 가함으로써 오랜 원한을 풀었다.

이때 오자서의 친구인 신포서가 오자서에게 편지를 보내 그의 가혹한 복수를 꾸짖었다. 이에 오자서가 이런 답신을 보냈다. "해는 저물고 갈 길은 멀어서 도리에 어긋나는 줄은 알지만 조급한 나머지 부득이하게 순리에 거스르는 행동을 한 것이다(倒行逆施)."

《사기(史記)》

해설 　오자서는 원래 초나라 사람이었으나 아버지와 형이 죽임을 당한 뒤에 오나라로 넘어와 절치부심 끝에 마침내 복수에 성공했다. 합려를 도와 오나라를 강대국으로 키웠지만, 그의 아들 부차에게 버림을 받고 자살했다.

中 가운데 중
道 길 도
而 말 이을 이
廢 폐할 폐

중도이폐
中道而廢

어떤 일을 하다가 끝을 맺지 않고 중도에 그만두다.

너는 미리 선을 긋고 물러나는구나

염구가 스승 공자에게 말했다. "스승님의 도를 좋아하지 않는 것은 아니지만 제 능력이 부족합니다." 그러자 공자께서 말씀하셨다. "능력이 부족한 자는 도중에 그만두는 법인데(中道而廢), 너는 미리 선을 긋고 물러나는구나." 《논어(論語)》

해설 《논어》〈옹야〉편에 나온다. 염구는 곧 자유로, 염유라고도 부른다. 화술에 능란했고, 후에 공자의 추천으로 노나라의 실세 계씨 가문의 가신에 등용되었다. 유능한 행정가이자 장군이기도 했다.

다능비사
多能鄙事

多 많을 다
能 능할 능
鄙 천할 비
事 일 사

비천한 일에 재능이 많다.

군자는 여러 가지 일에 능하지 않다

나라의 정치를 총괄하는 직책에 있는 자가 자공에게 물었다. "공자께서는 성인이신가요? 어찌 그리도 다재다능한가요?" 자공이 대답했다.

"본래 하늘이 그분을 큰 성인으로 삼고자 했으므로 다재다능하신 것입니다."

이 얘기를 듣고, 공자께서 이렇게 말씀하셨다. "나는 젊었을 때 비천하게 살았기 때문에 비천한 일에 여러 가지로 능한 것뿐이다(多能鄙事). 군자는 원래 여러 가지 일에 능하지 않은 법이다."

《논어(論語)》

해설 《논어》〈자한〉편에 나온다. 사생아로 태어난 공자는 거칠고 천한 일에 종사하면서 불우한 소년시절을 보냈다. 특별한 스승 없이 만나는 모든 사람에게서 배웠는데, 그중에는 주나라의 노자도 포함되었다.

乞 빌 걸
火 불 화
不 아닐 불
若 같을 약
取 가질 취
燧 부싯돌 수

걸화불약취수
乞火不若取燧

남에게 불을 빌리기보다 자기 부싯돌로 불을 만드는 게 낫다. 남에게 의존하기보다는 스스로 노력해서 성공하는 편이 낫다는 뜻.

스스로 노력해서 성공하는 삶

남에게 불을 빌리려 하지 말고 자기 부시로 불을 일으키는 것이 낫다. 다음에 이어지는 글은 '기급불약착정(寄汲不若鑿井)'으로, '물을 긷는 것은 우물을 파느니만 못하다'이다. 매일 물을 길러 다니는 수고로움보다 집 근처에 우물을 파는 것이 낫다는 뜻이다.

《회남자(淮南子)》

해설　《회남자》는 전한 때 유안(劉安)이 편찬한 일종의 백과사전으로 형이상학, 우주론, 국가정치, 행위규범 등 다양한 주제를 다루고 있다. 노자사상을 바탕에 둔 방대한 저작물로 사료적 가치가 크다.

제3장

바람風

일을 하려면 바람이
일듯이 재빠르게 하라

협태산이초북해
挾泰山以超北海

挾 낄 협
泰 클 태
山 뫼 산
以 써 이
超 뛰어넘을 초
北 북녘 북
海 바다 해

태산을 끼고 북해를 뛰어넘음. 도저히 불가능한 것을 이루려는 기백과 용기를 일컫는 말.

하지 않는 것과 할 수 없는 것의 차이

왕이 물었다. "하지 않는다는 것과 할 수 없는 것의 모습은 어떻게 다릅니까?" 맹자가 대답했다. "태산을 옆에 끼고 북해를 건너는 것을 남에게 말하면서 '나는 하지 못한다'고 하면 이것은 진실로 하지 못하는 것이나, 어른을 위해 나뭇가지를 꺾는 것을 남에게 '하지 못한다'고 말하면 이것은 하지 않는 것이지 할 수 없는 것이 아닙니다."

《맹자(孟子)》

해설 왕을 제대로 왕 노릇하게 만드는 것은 태산을 끼고 북해를 뛰어넘는 장대한 용기와 힘이 아니라 백성들에게 작고 사소한 은혜를 베푸는 일로부터 시작된다는 가르침을 담고 있다.

盤 서릴 반
根 뿌리 근
錯 섞일 착
節 마디 절

반근착절
盤根錯節

구부러진 뿌리와 엉클어진 마디. 세력이 단단히 뿌리박혀 절대 흔들리지 않는다는 뜻.

날카로운 칼날의 진가를 보이려면

후한의 대장군 등즐은 직언을 잘하는 장수인 우후를 몹시 미워했다. 어느 지역에 폭동이 일어났을 때, 등즐은 우후를 제거할 목적으로 그곳의 태수로 임명했다. 우후의 동료들이 걱정하자, 이렇게 말했다.

"어려운 일을 회피한다면 신하의 도리가 아니다. 구부러진 뿌리와 엉클어진 마디(盤根錯節)에 부딪히지 않으면 날카로운 칼날의 진가를 알 수가 없다." 우후는 즉시 그곳으로 달려가 지혜와 용맹으로 폭동을 진압했다.

《후한서(後漢書)》

해설 송나라의 학자 유청지(劉淸之)는 《계자통록(戒子通錄)》에 이렇게 썼다. "얽히고설킨 복잡한 일을 만나면 나의 재능을 시험할 수 있고, 많은 사람들이 바람에 쏠리듯 쫓아가는 일을 만나면 나의 지조를 시험할 수 있다."

지피지기 백전불태
知彼知己 百戰不殆

知	알 지
彼	저 피
己	자기 기
百	일백 백
戰	싸울 전
不	아닐 불
殆	위태로울 태

적을 알고 나를 알면 백 번을 싸워도 위태롭지 않아 싸울 때마다 승기를 잡을 수 있다.

적을 알고 나를 알면 백 번을 싸워도

적과 아군의 실정을 잘 비교 검토한 후 승산이 있을 때 싸운다면 백 번을 싸워도 결코 위태롭지 않다(知彼知己 百戰不殆). 적의 실정은 모른 채 아군의 실정만 알고 싸운다면 승패의 확률은 반반이다(不知彼而知己 一勝一負). 적의 실정은 물론이고 아군의 실정까지 모르고 싸운다면 싸울 때마다 반드시 패한다(不知彼不知己 每戰必敗).

《손자병법(孫子兵法)》

해설 《손자병법》의 내용은 적군과 아군의 상황을 똑바로 파악하고 거기에 맞는 전략전술을 적재적소에 활용해야 한다는 것으로 군사의 많고 적음, 강약과 허실, 공수와 진퇴 등의 국면을 잘 분석하여 적에 맞서면 승리를 얻는다는 것이다.

破 깨뜨릴 파
釜 솥 부
沈 잠길 침
舟 배 주

파부침주
破釜沈舟

밥을 지을 솥을 깨뜨리고 타고 갈 배를 가라앉히다. 전쟁에 임하면서 살아 돌아가기를 바라지 않고 결사항전을 하겠다고 다짐한다는 뜻.

돌아갈 배가 없는 군대의 결사항전

항우가 진나라를 치기 위해 대군을 이끌고 장하(長河)를 건널 때였다. 항우가 돌연 타고 온 배를 모조리 부수고, 신고 온 솥마저도 전부 깨뜨리고는 병사들에게 사흘 치 식량만 나눠주었다.

이제 돌아갈 배도 없고 밥을 지을 솥마저 없었으므로 병사들은 결사항전 외에는 다른 도리가 없었다. 병사들은 무서운 기세로 적진을 향해 달려나갔고, 마침내 대승을 거둘 수 있었다.   《사기(史記)》

동의어 사량침주(捨量沈舟), 제하분주(濟河焚舟)

사석성호
射石成虎

射	쏠 사
石	돌 석
成	이룰 성
虎	범 호

돌을 범인 줄 알고 쏘았는데 화살이 꽂히다. 어떤 일에나 성심을 다하면 반드시 이룰 수 있다는 뜻.

바위에 깊이 박힌 화살

궁술에 능했던 전한의 장수 이광이 젊었을 때 사냥을 나갔다가 숲 속에서 잠을 자고 있는 호랑이와 정면으로 마주쳤다. 이광이 전력을 다해 화살을 당겨 명중시켰는데, 이상하게도 호랑이가 꼼짝도 하지 않았다. 알고 보니 호랑이 모양의 바위에 화살이 깊숙이 박혀 있었다. 이에 놀란 이광이 다시 바위를 향해 화살을 쏴봤지만 힘없이 튕겨져 나올 뿐이었다. 《사기(史記)》

동의어 마부위침(磨斧爲針), 사석음우(射石飮羽), 우공이산(愚公移山), 중석몰촉(中石沒鏃)

해설 하나의 일에 성심을 다해 집중하면 이루지 못할 일이 없다는 뜻을 가진 유명한 고사이다. 이광은 활쏘기에 능한 장수로 흉노족이 제일 무서워했다고 한다.

騎 말 탈 기
虎 범 호
之 어조사 지
勢 형세 세

기호지세
騎虎之勢

호랑이를 타고 달리는 기세. 호랑이를 타고 달리는 사람이 도중에 내릴 수 없
듯이 중간에 그만두거나 물러설 수 없는 형세를 뜻함.

이미 일은 날랜 범에 올라탄 형세와 같다

남북조시대에 북주(北周)의 선제가 죽고 나라가 혼란에 빠지자 양
견이 사태를 수습하려고 궁에 들어갔다. 양견이 이 틈에 천하를 품
을 꿈을 꾸고 있다는 사실을 알고 있는 그의 아내가 인편에 편지를
보냈다.

"이미 일은 마치 날랜 범에 올라탄 형세와 같습니다(騎虎之勢). 이
제 중도에 내릴 수 없으며, 만일 중도에 내린다면 잡아먹히고 말
것입니다. 그러니 끝까지 힘쓰십시오."

거사에 성공한 양견이 후에 나라를 세우니 바로 수나라이다.

《수서(隋書)》

동의어   기수지세(騎獸之勢), 기호난하(騎虎難下)

해설   양견은 후에 수나라의 문제가 된다. 문제는 나중에 30만 대군을 동원하여 고구려
를 침공했다가 을지문덕 장군에 대패하게 되는데, 이 싸움이 바로 살수대첩(薩水大
捷)이다.

쟁선공후
爭先恐後

爭 다툴 쟁
先 먼저 선
恐 두려울 공
後 뒤 후

앞서기를 다투고 뒤처지는 것을 두려워하다. 치열한 경쟁을 뜻한다.

말을 타면서 제일 중요한 일은

진나라에 왕자기라는 유명한 마부가 있었다. 조나라의 대부 양주가 그로부터 말을 부리는 기술을 배우고는 이만하면 되었다고 믿고 그에게 마차 달리기 시합을 청했다.

하지만 양주는 세 번이나 말을 바꾸었는데도 왕자기에게 연속으로 패하고 말았다. 이에 양주가 화를 내며 말 다루는 기술을 제대로 가르쳐주지 않은 것 같다고 따졌다. 그러자 왕자기가 대답했다. "저는 비책을 전부 가르쳐드렸지만, 대부께서 잘못 배우셨습니다. 말을 다루면서 제일 중요한 일은 사람과 말의 마음이 일치되어야 하는 것으로, 대부께서는 저를 앞지르고자 초조해하고, 앞서 달릴 때는 제가 쫓아오지 않을까 걱정하셨습니다(爭先恐後). 말을 달려 먼 곳까지 달릴 때는 앞설 수도 있고 뒤질 수도 있는데 앞서든 뒤지든 항상 저에게 마음을 쓰시니 어떻게 말과 일치되어 달릴 수 있겠습니까?"

《한비자(韓非子)》

登 오를 등
龍 용 룡(용)
門 문 문

등용문
登龍門

입신출세의 관문을 상징한다.

용문을 튀어 오르는 물고기

용문은 황하 상류에 있는 협곡으로, 몹시 급하게 흐르는 여울이 있어 큰 물고기도 여간해서는 튀어오르지 못했다. 그래서 오래전부터 어떤 물고기라도 여기를 한번 차오르기만 하면 진짜 용으로 변한다는 전설이 전해지고 있었다.

등용문은 여기서 비롯된 말로 난관을 뚫고 입신출세 길에 오르게 되는 것을 '용문에 오른다(登龍門)'고 했다. 등용문에 반대되는 말은 점액(點額)으로, '點'은 상처를 입는다는 뜻이고 '額'은 이마를 뜻하는데 용문에 오르려고 급류에 도전했다가 바위에 부딪혀 이마를 깨고 피를 흘리며 떠내려가는 물고기를 말한다.

《후한서(後漢書)》

절차탁마
切磋琢磨

切 끊을 절
磋 갈 차
琢 다듬을 탁
磨 갈 마

옥돌을 자르고, 쪼고, 갈고, 닦아서 빛을 내다. 학문이나 덕행을 갈고닦는다는 뜻.

칼로 자르는 듯, 정으로 쪼는 듯

자공이 말했다. "가난하면서도 남에게 아첨하지 않고, 부유하면서도 남에게 교만하지 않는다면 어떻습니까?" 이에 공자께서 말씀하셨다. "그 정도면 괜찮은 사람이지만 가난하면서도 즐겁게 살고, 부유하면서도 예의를 좋아하는 것만 못하다."

자공이 말했다. "《시경》에 이르기를 '칼로 자르는 듯, 줄로 가는 듯, 정으로 쪼는 듯, 숫돌로 광을 내는 듯하다(切磋琢磨)'고 했는데, 이를 두고 말씀하시는 것입니까?" 공자가 흐뭇한 표정으로 말했다. "너야말로 이미 들은 것으로 장차 있을 것까지 아니, 참으로 나와 함께 시를 말할 수 있겠구나."

《시경(詩經)》

해설 《논어》〈학이〉편에도 나오는 말이다. 학문이나 인격을 갈고닦는다는 뜻으로, 공부에 매진하는 사람들이 가장 마음에 새기는 말이다.

讀 읽을 독
書 글 서
百 일백 백
遍 두루 편
義 옳을 의
自 스스로 자
見 뵈올 현

독서백편의자현
讀書百遍義自見

아무리 어려운 글이라도 자꾸 반복해서 읽으면 스스로 뜻을 깨우쳐 알게 된다.

어떤 글이라도 백 번을 읽으면

위나라의 동우는 지독한 가난 속에서도 잠시도 손에서 책을 놓는 일 없이 열심히 공부하여 임금의 글공부 상대까지 되는 등 유명한 학자가 되었다. 그는 글을 배우겠다는 사람들이 찾아오면 이렇게 말하며 거절했다. "나한테 배우기보다 집에서 혼자 읽고, 또 읽어 보게. 어떤 글이라도 백 번을 읽으면 뜻이 절로 드러난다네(讀書百遍義自見)."

《삼국지(三國志)》

해설 중국 고전에는 독서의 방법에 관한 많은 말들이 전해진다. '독서삼도(讀書三到)'는 독서에는 세 가지 요체가 있다는 말로 첫째 구도(口到, 소리 내어 읽는 것), 둘째 안도(眼到, 눈으로 책을 집중해서 보는 것), 셋째 심도(心到, 마음으로 그 책의 내용을 생각하는 것) 등 세 가지를 갖추어야 비로소 책의 내용을 이해할 수 있다고 했다. 한편 두보는 '만 권의 책을 독파하고 나니 붓을 들어 글을 짓는 것이 신들린 듯하더라'고 썼다.

다문다독다상량
多聞多讀多商量

多 많을 다
聞 들을 문
讀 읽을 독
商 헤아릴 상
量 헤아릴 량

많이 듣고, 많이 읽으며, 많이 생각하다. 문장을 잘 짓는 비결을 일컫는 말.

많이 듣고, 많이 읽고, 많이 생각하라

북송의 문인 구양수에게 제자들이 글을 잘 짓는 비결을 묻자 '많이 듣고(多聞), 많이 읽고(多讀), 많이 생각하라(多商量)'고 대답한 데서 유래한 말이다. 구양수의 문하에는 제자가 많았는데 소동파로 알려진 소식도 그중 한 사람이다.

《후산시화(後山詩話)》

해설   소동파의 본명은 소식으로 아버지 소순, 동생 소철과 함께 '3소(三蘇)'로 불리며, 이들은 모두 당송팔대가에 속한다. 대표작은 〈적벽부(赤壁賦)〉로 오늘날까지 많은 사람들에게 애송되고 있다.

教 가르칠 교
學 배울 학
相 서로 상
長 길 장

교학상장
教學相長

가르치고 배우면서 서로 성장하다. 남을 가르치고 스승에게서 배우는 일이 함
께하는 가운데 자신의 학업이 향상된다는 뜻.

가르침과 배움의 조화를 우선으로 삼는다

옥은 쪼지 않으면 그릇이 되지 못하고, 사람은 배우지 않으면 도를
모르게 된다. 그래서 예전부터 왕이 된 자는 올바른 임금 노릇을
위해 교(教)와 학(學)을 우선으로 삼았다.

좋은 안주가 있더라도 먹지 않으면 맛을 모르고, 지극한 도가 있더
라도 배우지 않으면 좋음을 모른다. 배운 후에야 부족함을 알게 되
고, 가르친 후에야 막힘을 알게 된다. 부족함을 안 후에 스스로 반
성할 수 있고 막힘을 안 후에 스스로 힘쓸 수 있으니, 따라서 말하
기를 '남을 가르치는 일과 스승에게서 배우는 일이 서로 도와서 학
업을 증진시킨다(教學相長)'고 한다. 《예기(禮記)》

해설 　《예기》는 오경(五經)의 하나로 고대시대의 예에 관한 기록과 해설을 정리한 유교
　　　경전이다. '예경'이라 하지 않고 '예기'라고 한 것은 예에 대한 기록뿐만 아니라 다
　　　양하게 주석을 달았기 때문이다.

포정해우
庖丁解牛

庖 부엌 포
丁 사내 정
解 풀 해
牛 소 우

장인(丈人)의 뛰어난 손기술.

눈을 감고도 칼질을 할 수 있다

위나라에 포정이라는 백정이 있었다. 어느 날 그가 혜왕 앞에서 소를 잡았는데 순식간에 완벽하게 뼈와 고기를 분리해내어 사람들을 놀라게 했다. 포정이 감탄하는 왕에게 말했다.

"처음 이 일을 시작했을 때는 소를 보면 겉모습만 보였는데 3년이 지나자 뼈와 근육이 보였고, 19년이 된 지금은 눈을 감고도 칼질을 할 수 있어 칼날이 뼈와 부딪치지 않고도 가죽과 고기를 도려낼 수 있게 되었습니다."

포정의 말에 혜왕은 참된 도가 여기 있다며 탄복했다. 《장자(莊子)》

해설　비록 소를 잡아 해체하는 직업일지라도 자기 분야에서 최고 경지에 올라 자부심을 갖고 일하는 사람을 보고 일국의 군주가 '참된 도'가 여기 있다고 감탄하고 있다. 공자와 함께 도를 논하고, 인의와 예를 말하던 제자들 중에는 대부분 비천한 신분인 사람이 많았다. 도를 놓고 논하는 자리에 귀천이 없다는 뜻일 것이다.

泰 클 태	
山 뫼 산	**태산압란**
壓 누를 압	泰山壓卵
卵 알 란	

산을 떠밀어 달걀을 누르고 깨뜨려버리다. 뜻하는 일을 이루기가 아주 쉽다는 뜻.

태산이 달걀을 짓누르듯

제나라의 책사 손혜가 교만하고 포악한 임금에게 염증을 느끼고 병을 핑계로 벼슬에서 물러났다. 그러던 중에 동해왕 사마월이 제나라를 치려고 군사를 일으키자, 그의 거병에 동조하며 편지를 보냈다.

"순리에 따라 역리를 토벌하고 정의로움으로 사악함을 정벌하는 것이니, 이는 태산으로 달걀을 누르고(泰山壓卵) 불타는 들판에 바람이 몰아치는 것과 같은 일입니다."　　　　　　　　《진서(晉書)》

초상지풍필언
草上之風必偃

草 풀 초
上 윗 상
之 어조사 지
風 바람 풍
必 반드시 필
偃 쓰러질 언

풀 위로 바람이 불면 반드시 풀이 옆으로 쏠린다. 군자의 덕이 소인들을 감화시킨다는 뜻.

군자의 덕은 바람과 같다

계강자가 공자에게 정치에 대해 물었다. "만일 무도한 자를 죽여 올바른 도리로 나아가게 한다면 어떻겠습니까?" 공자께서 대답하셨다.

"정치를 하는데 어찌 죽이는 방법을 쓰겠습니까? 선생께서 선해지고자 하면 백성들도 선해지는 것입니다. 군자의 덕은 바람이고, 소인의 덕은 풀입니다. 풀 위에 바람이 불면 풀은 반드시 눕기 마련입니다(草上之風必偃)."

《논어(論語)》

동의어 초언풍종(草偃風從), 풍행초미(風行草靡)

해설 《논어》〈안연〉편에 나온다. 동의어 '초언풍종'은 풀이 바람 따라 쏠린다는 말로, 임금의 덕이 백성을 감화시킨다는 뜻이다.

呑 삼킬 탄
舟 배 주
之 어조사 지
魚 물고기 어
不 아닐 불
游 헤엄칠 유
枝 가지 지
流 흐를 류

탄주지어 불유지류
呑舟之魚 不游枝流

배(舟)를 통째로 삼킬 만한 큰 물고기는 작은 시내에서 놀지 않는다. 위대한 인물은 항상 크고 고상한 뜻을 지니고 있다는 뜻.

큰 물고기는 얕은 개울에서는 놀지 않는다

배를 삼킬 만한 큰 물고기는 얕은 개울에서는 놀지 않고(呑舟之魚 不游支流), 큰 새는 하늘 높이 날지 더러운 연못에는 모이지 않는다(鴻鵠高飛 不集汚池). 　　　　　　　　　　　《열자(列子)》

해설　'홍곡'은 기러기와 고니를 가리키는 말로, 포부가 크고 큰 인물이 될 사람을 '홍곡'이라고 부른다. 기러기나 고니는 몸집이 큰데도 하늘 높이 훨훨 날아다니기 때문에 예로부터 군자의 상징이었다. 진나라가 몰락할 때 농민군을 이끌며 대대적인 기세로 세상을 위협했던 진승이, 주위 사람들이 머슴에 불과한 그를 비웃자 했던 말이 바로 "제비나 참새 따위가 어찌 기러기와 고니의 뜻을 알리오(燕雀安知 鴻鵠之志)."였다.

거재두량
車載斗量

車 수레 거
載 실을 재
斗 말 두
量 헤아릴 량

인재나 물건이 아주 많다.

저 같은 인물은 헤아릴 수 없이 많습니다

촉나라가 오나라를 공격하려고 하자, 오나라 왕 손권이 장수 조자를 급히 위나라에 보내 지원군을 요청했다. 이때 위나라 왕은 조조의 아들 조비였다.

조비는 지원군을 요청하러 왔으면서도 당당하게 처신하는 조자에 호감을 갖고 이렇게 물었다. "오나라에는 그대 같은 인물이 얼마나 되는가?" 이에 조자가 말했다. "저 같은 인물은 수레에 실어 말(斗)로 헤아릴 정도로 많습니다(車載斗量)." 조비는 조자의 말에 감탄하면서 당장 오나라와 군사동맹을 맺도록 했다.   《삼국지(三國志)》

해설   《삼국지》와 《삼국지연의(三國志演義)》는 전혀 다르다. 《삼국지》는 서진의 진수(陳壽)가 당시의 사료들을 모아 편찬한 정식 역사서이다. 《삼국지연의》는 명나라 초기에 나관중(羅貫中)이 집필한 책으로 오랜 세월이 지나면서 사람들의 입을 거쳐 세간에 떠돌던 이야기들이 소설 형식으로 담겨 있다. '연의'는 '사물을 조리 있고 알기 쉽게 설명한다'는 뜻으로 고전 역사소설을 가리킨다.

寧 차라리 녕(영)	
爲 될 위	
鷄 닭 계	**영위계구 물위우후**
口 입 구	寧爲鷄口 勿爲牛後
勿 말 물	
牛 소 우	
後 뒤 후	

닭의 입이 될지언정 소의 꼬리는 되지 마라. 큰 인물의 졸개 노릇을 하느니 작은 집단의 우두머리가 되는 게 낫다는 뜻.

닭의 주둥이가 될지언정 소꼬리는 되지 마라

소진이 약소국 여섯 나라(韓·魏·趙·楚·燕·齊)가 연합해서 강대국 진나라에 맞서야 한다는 '합종책'을 들고 연나라와 조나라를 설득한 다음 한나라로 갔다. 소진이 한나라 선혜왕에게 말했다.

"닭의 주둥이가 될지언정 소꼬리는 되지 말라고 했습니다(寧爲鷄口 勿爲牛後). 진나라에 붙어 졸개 노릇을 하느니 약소국들끼리 똘똘 뭉쳐 그들에 맞서는 게 현명합니다."

선혜왕은 머리를 끄덕였고, 이런 식으로 이루어진 6국의 합종책은 진나라에 당당하게 맞설 수 있었다. 《사기(史記)》

해설 '합종연횡'이란 말이 여기서 나왔다. '연횡'은 장의가 주장한 책략으로 약소국 여섯 나라가 제각각 강대국인 진나라와 화친을 맺고 착실히 섬겨 목숨을 부지하는 방법을 말한다.

우사생풍
遇事生風

遇 만날 우
事 일 사
生 일 생
風 바람 풍

일을 하면 바람이 일듯이 재빠르게 한다. 남의 눈치를 보지 않고 소신껏 일처리를 한다는 뜻.

일을 하면 바람이 일듯이 거침없이

한나라 때 조광한은 말단 관리로 시작해서 성실하고 현명한 일처리를 인정받아 승진을 거듭하더니 마침내 수도를 총괄 관리하는 경조윤(京兆尹) 자리에까지 올랐다.

불의와 타협하지 않고 어떤 권력에도 굴하지 않으며 오로지 나랏일을 위해 헌신한 조광한에 대해 사람들은 이렇게 평했다. "일을 보면 바람이 일고, 회피하는 바가 없다(遇事風生 無所回避)." 하지만 조광한은 그러한 강직한 성품이 지나친 탓에 간신배들의 모함을 받아 일찍 죽고 말았다. 《한서(漢書)》

老 늙을 로(노)
當 맡을 당
益 더할 익
壯 장할 장

노당익장
老當益壯

나이를 먹을수록 기력이 더욱 좋아지다.

남자는 늙을수록 건장해야 한다

광무제 때 장수 마원이 왕명에 따라 죄수들을 압송하게 되었는데 도중에 죄수들이 고통에 못 이겨 울부짖는 것을 보고는 모두 풀어 주고 북방으로 달아났다. 이후 마원은 소와 양을 키우고 농사를 지으면서 크게 성공했지만 항시 친구들에게 이렇게 말했다.

"대장부는 뜻을 품었으면 어려울수록 굳세어야 하며 늙을수록 건장해야 한다(老當益壯)." 그 후 세상이 혼란스러워지자 마원은 다시 광무제를 만나 수많은 싸움에서 큰 공을 세웠다. 그의 나이 62세 때는 오랑캐들의 도발을 평정함으로써 문자 그대로 노익장의 힘을 보여주었다. 《후한서(後漢書)》

낭중지추
囊中之錐

囊 주머니 낭
中 가운데 중
之 어조사 지
錐 송곳 추

주머니 속의 송곳. 능력과 재주가 뛰어난 사람은 주머니 속의 송곳이 튀어나오듯 스스로 두각을 나타낸다는 뜻이다.

주머니 속의 송곳같이 솟아오르는

진나라의 공격을 받은 조나라 혜문왕이 동생인 평원군을 급히 초나라에 보내 지원군을 청하기로 했다. 이때 모수라는 사람이 자기도 수행원으로 삼아달라고 청하자 평원군이 어이없어하며 말했다. "재능이 뛰어난 사람은 주머니 속의 송곳처럼 남의 눈에 쉽게 드러나는 법인데(囊中之錐) 자네는 내 집에 온 지 3년이 되었어도 한 번도 이름을 드러낸 일이 없네."

이에 모수가 대답했다. "그것은 나리께서 이제까지 저를 한 번도 주머니 속에 넣지 않으셨기 때문입니다." 평원군은 그를 수행원으로 삼았고, 이후 초나라에 가서 모수의 큰 활약 덕분에 큰 대접을 받고 지원군도 얻을 수 있었다. 《사기(史記)》

해설 평원군은 당대 최고의 권력자 혜문왕의 동생이다. 휘하에 수천의 식객을 모으는 등 막강한 힘을 과시하며 혜문왕과 조카 효성왕을 보좌했다.

愚 어리석을 우
者 놈 자
一 한 일
得 얻을 득

우자일득
愚者一得

어리석은 사람도 많은 생각을 하다 보면 한 번쯤 쓸모 있는 생각을 하게 된다.

어리석은 사람도 천 번을 생각하면

한신이 조나라의 20만 대군을 물리치고 책사 이좌거를 사로잡았다. 한신이 그에게 장차 연나라와 제나라를 제압할 방안을 묻자, 그가 여러 차례 사양하다가 답했다.

"슬기로운 사람도 천 번 생각에 한 번의 실수(千慮一失)가 있을 수 있고, 어리석은 사람도 천 번 생각하여 한 번은 맞힐 수 있습니다(愚者千慮 必有一得). 제가 비록 어리석으나 한 말씀 올리겠습니다."

《사기(史記)》

해설   책사는 명석한 두뇌와 전략적 사고를 가진 사람으로 오늘날의 말로 표현하자면 '싱크탱크'라고 할 수 있다. 제갈량이나 사마의가 대표적인 책사로, 이들은 뛰어난 지략으로 물고 물리는 대접전을 펼쳤다. 《삼국지》에는 그 밖에도 칼이 아니라 머리 하나로 전쟁터를 누빈 순욱, 방통, 노숙 같은 인물들이 등장한다.

개현경장
改弦更張

改 고칠 개
弦 시위 현
更 고칠 경
張 맬 장

거문고의 줄이 느슨해진 것을 바꾸어 다시 매다. 정치사회적으로 제도를 개혁한다는 뜻.

거문고의 줄을 바꿔야 할 때

한나라의 무제가 훌륭한 인재를 구할 방법을 묻자, 재상 동중서가 말했다.

"지금 한나라는 썩은 나무와 똥으로 뒤덮인 담장과 같아서 아무리 선정을 베풀어도 도리가 없는 형국입니다. 거문고를 연주할 때 소리가 제대로 나지 않으면 줄을 풀어서 고쳐 매야 하듯이(改弦更張), 옛것을 새롭게 바꾸고 개혁해야만 제대로 다스려질 수 있습니다. 줄을 바꿔야 하는데도 바꾸지 않으면 아무리 유능한 연주가라도 훌륭한 소리를 낼 수 없듯이 개혁을 해야 함에도 실행하지 않는다면 절대 잘 다스릴 수 없게 됩니다."   《한서(漢書)》

동의어   개현역조(改弦易調), 개현역철(改弦易轍), 해현경장(解弦更張)

君 임금 군 命 명령 명 有 있을 유 所 바 소 不 아닐 불 受 받을 수	# 군명유소불수 君命有所不受

전쟁터에 나간 장수는 임금의 명령이 있더라도 듣지 않는다.

전쟁터의 장수는 임금의 명령도 거부한다

제나라 경공 때 사마양저(司馬穰苴)가 진나라와 싸우기 위해 출진을 앞두고 있을 때, 왕과 가까운 부관 하나가 제멋대로 행동하자 군법에 따라 참수형에 처하려 했다.

이에 경공이 전령을 보내 당장 사면하라고 명하자 사마양저가 말했다. "전쟁터에 나간 장수는 군주의 명령을 받지 않습니다(君命有所不受)." 사마양저는 단번에 그의 목을 쳤고, 이 소식을 전해 들은 진나라 병사들은 싸울 엄두를 못 내고 뿔뿔이 흩어져 도망쳐버렸다.

《사기(史記)》

해설　사마양저는 춘추시대 제나라의 장군으로 부하병사들에 대한 사랑이 깊었던 장수로 유명하다. 재상 안영의 추천으로 등용된 후 제나라의 번영에 공적을 올려 대사마로 임명되었다. 후에 걸출한 병법서인 《사마병법(司馬兵法)》을 남겼다.

파벽비거
破壁飛去

破 깨뜨릴 파
壁 벽 벽
飛 날 비
去 갈 거

벽을 깨뜨리고 날아가다. 사물의 긴요한 부분을 완성하거나 요점을 찾아 해결한다는 뜻. 평범한 사람이 갑자기 출세한다는 뜻으로도 쓰임.

벽을 부수고 날아간 용

양나라 때의 궁정화가 장승요에 얽힌 고사에서 나온 말이다. 장승요가 금릉 안락사의 벽에 용을 그리고, 여기에 마지막으로 눈동자를 그려 넣었더니(畵龍點睛) 갑자기 요란한 천둥번개와 함께 용이 벽을 부수고 하늘로 날아갔다(破壁飛去)는 고사가 전해진다. 반면에 눈동자를 그려 넣지 않은 용은 벽에 그대로 남아 있었다고 한다.

《수형기(水衡記)》

해설 무슨 일을 하는 데 가장 중요한 부분을 완성시키는 것을 뜻하는 '화룡점정'이 유래된 고사이다. 장승요는 남북조시대를 대표하는 화가로 인물화에 아주 능했고, 전국의 유명 사찰에 벽화를 많이 그리기도 했다. 이때 그는 상상의 동물인 용을 많이 그렸는데, 마치 살아 있는 듯해서 보는 이마다 감탄을 자아냈다고 한다.

天 하늘 천 與 줄 여 不 아닐 불 取 가질 취 反 도리어 반 受 받을 수 其 그 기 咎 재앙 구	# 천여불취 반수기구 天與不取 反受其咎

하늘이 주는 것을 순순히 취하지 않으면 그로 인해 화를 입게 된다. 기회가 왔을 때 잡지 않으면 도리어 재앙을 당하게 된다는 뜻.

하늘이 주는 것을 취하지 않으면

초나라의 항우가 옛 부하이자 지금은 유방의 장수가 되어 자기를 위협하는 한신을 회유하려고 했다. 하지만 한신은 유방을 배신할 생각이 없었기에 이를 거절했다. 이때 한신의 책사 괴통이 간언했다.

"천하의 대세가 주군의 손에 좌우될 판이니 유방과 항우 사이에서 조정자 역할을 하십시오. 그러면 반드시 확고한 위치를 차지하게 될 것입니다."

한신이 이를 거절하며 유방에게 충성할 것을 다짐하자 괴통이 말했다. "하늘이 주는 것을 취하지 않으면 도리어 화를 입게 되고(天與不取 反受其咎), 때가 이르렀어도 행하지 않으면 그로 인해 화를 입는 법입니다." 한신은 끝내 괴통의 말을 듣지 않았고, 후에 그 대가로 유방에 의해 처참히 제거되고 말았다.　　　　《사기(史記)》

군불염사
軍不厭詐

軍 군사 군
不 아닐 불
厭 싫어할 염
詐 속일 사

전쟁에서 작전을 펼칠 때는 적을 속이는 것도 무방하다.

상대를 속이는 기만전술이 필요할 때

후한 때, 서북 변방의 오랑캐들이 쳐들어왔다. 이에 임금은 무도태수 우후에게 그들을 당장 물리치라고 명령했다. 하지만 이는 처음부터 무리였다. 수만 병력의 오랑캐에 비해 우후가 이끄는 병사는 수천에 불과했기 때문이다.

전장에 나간 우후는 곧 지원군이 온다는 헛소문을 퍼뜨리면서 후퇴와 진격을 반복하는 전략을 펼치고, 주둔지에는 매번 많은 수의 솥이 있었음을 보여주는 흔적을 남겨놓았다. 행군할수록 병력이 늘고 있음을 보여주기 위한 계략이었다.

이런 장기전 끝에 우후는 지칠 대로 지친 오랑캐들을 끝내 물리칠 수 있었다. 나중에 우후가 말했다. "병법은 상황에 따라 달리 적용해야 하는 것으로, 강한 적을 물리칠 때는 상대를 속이는 기만전술이 필요하다(軍不厭詐)."

《후한서(後漢書)》

동의어 병불염사(兵不厭詐)

陷 빠질 함	
之 어조사 지	
死 죽을 사	# 함지사지연후생
地 땅 지	
然 그럴 연	陷之死地然後生
後 뒤 후	
生 날 생	

사지(死地)에 빠진 후에야 살아남을 수 있다. 위기와 실패를 겪은 후에 더 강해진다는 뜻.

궁지에 서야만 활로가 열린다

전쟁에 능한 자는 마치 한 사람이 움직이듯 군대를 하나로 뭉치게 하여 자유자재로 움직일 수 있다. 병사들이란 궁지에 몰리면 오히려 두려움을 잃어버린다. 도망갈 데가 없는 상태에 빠지면 일치단결하고, 적의 영내에 깊숙이 들어가면 결속하며, 옴짝달싹할 수 없는 사태를 당하면 필사적으로 싸운다.

이렇게 아군을 궁지에 몰아넣고 사생결단을 하게 만드는 것이 장수된 자의 임무다. 궁지에 서야만 활로가 열린다는 사실을 잊어서는 안 된다(陷之死地然後生). 《사기(史記)》

제4장

구름雲

썩은 나무로는
조각을 할 수 없다

한신포복
韓信匍匐

韓 나라 이름 한
信 믿을 신
匍 길 포
匐 길 복

한신이 엎드려 기어가다. 큰 뜻을 가진 사람은 일시적인 고초나 부끄러움을
참고 이겨내야 한다는 뜻.

불량배들의 가랑이 사이를 기었던 한신

출중한 무예와 뛰어난 지략, 호방한 성품으로 일세를 풍미한 한신
이 젊었을 때, 한번은 시장을 지나가는데 불량배들이 다가와서 자
기들 가랑이 사이로 기어가라고 명령했다. 그러자 한신은 두말없
이 그들의 말에 따랐다.

큰 뜻을 품은 자는 눈앞의 작은 고초나 부끄러움에 마음이 흔들
려 함부로 몸과 마음을 낭비해서는 안 된다는 사실을 보여준 것
이다.

《사기(史記)》

해설　옛 문헌에 한신에 관한 고사가 유독 많이 전해지는 이유는, 그가 그만큼 한 시대를
풍미한 거물이고 그럼에도 철저히 배신당한 이력이 동정심을 불러일으키기 때문이
다. 한신은 자신의 운명을 바꿀 기회가 많았지만 스스로 걷어차버렸고, 한나라 건
국 후에는 왕권을 강화하려는 세력들에 의해 가차 없이 제거당하고 말았다.

捲 말 권
土 흙 토
重 거듭할 중
來 올 래

권토중래
捲土重來

흙먼지를 날리며 다시 돌아오다. 한두 번의 실패에도 굴하지 않고 몇 번이고 다시 일어난다는 뜻.

이기고 지는 것은 병가도 기약할 수 없거늘

항우가 유방에게 패한 뒤에 오강에서 자결한 지 천년이 지난 당나라 말기, 시인 두목(杜牧)이 오강을 지나다 항우를 추모하며 남긴 〈제오강정(題烏江亭)〉이란 시에 등장하는 말이다.

"이기고 지는 것은 병가도 기약할 수 없거늘 수치심을 안고 참아 내야만 진정 사내대장부라네. 강동의 자재들 중에 인재가 많으니 흙먼지를 일으키며 다시 올 사람은 아직 알 수 없다네(捲土重來未可知)."

〈제오강정(題烏江亭)〉

동의어 사회부연(死灰復燃)

해설 두목은 중국 당나라 후기의 시인으로 〈적벽〉, 〈아방궁부〉 같은 걸출한 작품을 발표하여 '작은 두보'라 불렸다. 유방에게 패한 수치심으로 스스로 목숨을 끊은 항우에 대해 아쉬움을 표하는 글이다.

연작안지 홍곡지지
燕雀安知 鴻鵠之志

燕	제비 연
雀	참새 작
安	어찌 안
知	알 지
鴻	기러기 홍
鵠	고니 곡
之	어조사 지
志	뜻 지

제비나 참새 따위가 어찌 기러기나 고니의 큰 뜻을 알겠는가? 소인은 대인의 뜻을 헤아리지 못한다는 뜻.

제비나 참새가 어찌 내 뜻을 알리오

중국 역사상 최초로 천하를 통일한 진시황제는 폭정으로 민심을 잃어버리고 불과 15년 만에 망하고 말았다. 진나라가 쇠망할 기미를 보일 때, 가장 먼저 봉기한 사람은 시골구석에서 머슴살이를 하던 진승이었다.

어느 날, 진승이 밭을 갈다 세상을 비난하는 말을 서슴없이 내뱉자 주위에 있던 머슴들이 일제히 비웃었다. 그러자 진승이 탄식하며 말했다. "제비나 참새가 어찌 기러기와 고니의 뜻을 알리오(燕雀安知 鴻鵠之志)."

후에 진승은 오광과 함께 농민들을 규합하여 큰 승리를 거둠으로써 역사상 최초의 농민혁명을 이끈 영웅이 되었고, 각지의 호걸들로 하여금 봉기의 대열에 동참하도록 만들었다. 항우도 그런 사람의 하나였고, 최후의 승리자가 되는 유방 역시 마찬가지였다.

《사기(史記)》

唾 침 타
面 낯 면
自 저절로 자
乾 마를 건

타면자건
唾面自乾

남이 내 얼굴에 침을 뱉으면 당장 그 침을 닦지 말고 저절로 마를 때까지 기다려라. 처세에는 참을성이 필요하다는 뜻.

누군가 내 얼굴에 침을 뱉으면

당나라의 누사덕은 학덕이 높은 선비였다. 그의 동생이 대주라는 곳에 수령으로 가게 되어 인사하러 오자 모든 일에 인내하며 처신하라고 충고했다.

그러자 동생이 누군가 자기 얼굴에 침을 뱉으면 손으로 닦고 대항하지 않겠노라고 답했다. 이에 누사덕이 말했다. "그 사람 앞에서 침을 닦으면 노할 테니 침이 저절로 마를 때까지 참아라(唾面自乾)."

《당서(唐書)》

해설 《당서》는 《신당서(新唐書)》를 말한다. 당나라의 건국부터 멸망까지 290년의 흥망성쇠를 기록한 기전체 역사책으로, 송나라 때 구양수와 송기 등이 찬술했다. 총 225권에 달하는 방대한 양으로, 당나라 때의 문장이 거의 그대로 남아 있어 사료적 가치가 높다.

국사우지 국사보지
國士遇之 國士報之

國	나라 국
士	선비 사
遇	만날 우
之	어조사 지
報	갚을 보

나를 인정해주는 사람을 위해 몸 바쳐 헌신하다.

나를 알아주는 이를 위해 죽다

진나라의 제후 지백에게는 예양이라는 가신이 있었는데 충성스럽고 능력이 뛰어난 그를 극진히 대우했다. 그런데 지백이 조나라의 제후 양자와 싸우다 죽고 말았다.

이에 예양은 '선비는 나를 알아주는 이를 위해 죽는다'는 말을 남기고 복수를 맹세하며 양자의 집에 잠입했다가 발각되고 말았다. 양자는 예양의 충성심을 높이 사 풀어주었지만, 그 뒤에도 예양은 몸에 옻칠을 하여 나병환자로 변장하거나, 벙어리나 거지 행세를 하며 기회를 노렸으나 번번이 실패하고 말았다.

그때마다 양자는 예양의 충성심을 이해하며 용서해주었지만, 마지막 도발에는 용서해주지 않자 예양은 양자에게 간청하여 칼로 그의 옷을 세 번 친 뒤 스스로 목숨을 끊었다. 《사기(史記)》

危 위태할 위
邦 나라 방
不 아닐 불
入 들 입

위방불입
危邦不入

위험한 곳이나 부끄러운 곳에는 들어가지 않는다.

군자는 위험한 곳에 가지 않는다

공자께서 말씀하셨다. "성현들의 가르침에 대한 두터운 믿음을 가지고 배우기를 좋아하며 죽음으로써 선한 도를 지켜야 한다. 위태로운 나라에는 들어가지 않고(危邦不入), 어지러운 나라에는 머물지 말아야 한다. 천하에 도가 행해지면 세상에 모습을 드러내고, 도가 행해지지 않으면 조용히 숨어 살아야 한다. 나라에 도가 행해짐에도 가난하고 비천하게 산다면 부끄러운 일이며, 나라에 도가 행해지지 않는데도 부귀를 누린다면 이 또한 부끄러운 일이다."

《논어(論語)》

해설　《논어》〈태백〉편에 나오는 말이다. 위태롭고 어지럽던 시대를 살아가는 군자들에게 몸을 세워 나아갈 때와 몸을 낮춰 물러설 때가 언제인지를 가르치는 말이다.

망매지갈
望梅止渴

望 바랄 망
梅 매화 매
止 그칠 지
渴 목마를 갈

매실은 신맛 때문에 생각만 해도 침이 돌아 해갈이 된다. 공상으로 마음의 위안을 얻는 것을 일컫는 말.

생각만으로 마음의 위안을 얻다

유비가 조조에게 몸을 의탁하고 있을 때, 하루는 조조가 유비에게 말했다.

"우리 군대가 장수(張繡) 지역을 정벌할 때, 행군 도중에 물이 떨어져 고통이 심했는데 내가 병사들에게 이렇게 말했소. '저 앞에 매실나무 숲이 있는데, 그 매실은 매우 시고도 달아 목을 축이기에 충분할 것이다. 그러니 잠시만 참아라!' 이 말에 병사들은 매실의 신맛을 생각하고 입안에 침이 돌아 갈증을 잊게 되었소 (望梅止渴). 그리고 오래지 않아 물이 있는 곳을 찾아 갈증을 풀 수 있었다오."

《삼국지연의(三國志演義)》

동의어 망매해갈(望梅解渴), 매림지갈(梅林止渴)

朽 썩을 후
木 나무 목
不 아닐 불
可 좋을 가
雕 새길 조

후목불가조
朽木不可雕

썩은 나무에는 조각할 수 없다. 일이나 물건이 더 이상 어찌할 수 없을 정도로 형편없다는 말.

썩은 나무에는 조각을 할 수 없다

재여가 낮잠을 자고 있는데, 이를 본 공자께서 말씀하셨다. "썩은 나무에는 조각을 할 수 없고(朽木不可雕), 더러운 흙으로 쌓은 담장에는 흙손질을 할 수 없다. 재여에 대해 무엇을 꾸짖겠는가? 처음에 나는 사람에 대하여 그가 하는 말을 듣고 그의 행실을 믿었는데, 이제는 사람에 대하여 그가 하는 말을 듣고도 그의 행실을 가리게 되었다. 재여로 인해 이를 바꾼 것이다." 《논어(論語)》

동의어 후목난조(朽木難雕), 후목분장(朽木糞牆), 후목분토(朽木糞土)

해설 《논어》〈공야장〉편에 나온다. 공자의 제자인 재여는 말재주가 뛰어난 사람이었는데, 시간이 갈수록 신뢰하기 힘든 사람임을 알게 되어 이 같은 말을 한 것으로 보인다.

빈시기소불취
貧視其所不取

貧	가난할 빈
視	볼 시
其	그 기
所	바 소
不	아닐 불
取	가질 취

사람의 됨됨을 판별하는 방법의 하나로, 가난할 때 부정한 재물을 취하는지를 보는 것을 말한다.

인재를 판별하는 다섯 가지 방법

위나라의 학자 이극은 '오시법(五視法)'이라는 인재판별법을 제시했다. "첫째, 거시기소친(居視其所親)으로 벼슬하지 않고 있을 때 누구와 사귀는지 보면 사람됨을 알 수 있다. 둘째, 부시기소여(富視其所與)로 풍요로울 때 어떻게 재물을 쓰는지 보면 사람됨을 알 수 있다. 셋째, 달시기소거(達視其所擧)로 높은 지위에 있을 때 누구를 발탁하는지 보면 사람됨을 알 수 있다. 넷째, 궁시기소불위(窮視其所不爲)로 구차한 처지에 있을 때 무엇을 하지 않는지 보면 사람됨을 알 수 있다. 다섯째, 빈시기소불취(貧視其所不取)로 가난할 때 부정한 재물을 취하지 않는지를 보면 사람됨을 알 수 있다."

《사기(史記)》

狗 개 구
猛 사나울 맹
酒 술 주
酸 실 산

구맹주산
狗猛酒酸

주막집의 개가 사나우면 술이 시어진다. 대궐에 간신배가 들끓으니 어진 신하들이 모이지 않는다는 뜻.

그 주막집에 손님이 없는 까닭

송나라 어느 고을의 술집은 주인이 술을 만드는 재주가 뛰어나고 항상 양을 속이지 않고 정직하게 팔아서 항상 문전성시를 이루었다. 그런데도 언젠가부터 다른 주막들보다 술이 잘 팔리지 않아 이상하게 여긴 주인이 마을의 노인을 찾아가 연유를 물었다. 노인이 그에게 물었다.

"자네 집의 개가 사나운가?"

"그렇습니다만, 개가 사나운 것과 술이 안 팔리는 것과 무슨 관계가 있습니까?"

"사람들이 개가 무서워 출입을 하지 않으니 자연히 술이 남아돌아 시어질 테고, 그러니 팔리지 않는 거라네."

한비자는 이 같은 예를 들어 충신들이 아무리 옳은 정책을 임금에게 간언해도 대궐 안에 사나운 간신배가 있으면 불가능함을 강조했다.

《한비자(韓非子)》

문외가설작라
門外可設雀羅

門	문 문
外	바깥 외
可	좋을 가
設	베풀 설
雀	참새 작
羅	그물 라

문밖에 새를 잡을 그물을 쳐놓을 만큼 손님들의 발길이 뚝 끊어지다. 권세가 약해지면 방문객의 발길도 끊어진다는 뜻.

한 번 죽고 한 번 삶에 사귐의 정을 알고

한나라 때 적공이란 사람이 형벌이나 감옥과 관련한 일을 관장하는 정위(廷尉) 벼슬에 오르자 그의 집을 방문하는 손님들로 문전성시를 이루었다.

하지만 그가 파직되자 방문객들이 금세 발길을 끊어 문밖에 새그물을 쳐놓을 수 있을 정도(門外可設雀羅)로 한산했다. 얼마 후 적공이 다시 정위에 오르자 손님들이 구름처럼 몰려들었는데 적공이 대문에 이렇게 써 붙였다.

"한 번 죽고 한 번 삶에 사귐의 정을 알고, 한 번 가난하고 한 번 부함에 사귐의 태도를 알며, 한 번 귀하고 한 번 천함에 사귐의 정이 나타난다." 《사기(史記)》

반의어　문전성시(門前成市)

前 앞 전
倨 거만할 거
後 뒤 후
恭 공손할 공

전거후공
前倨後恭

처음에는 거만하다가 나중에는 공손하게 행동하다. 상대의 처지에 따라 태도가 변한다는 뜻.

나는 예전과 똑같은 몸인데

제나라의 소진은 젊은 시절에 큰 뜻을 품은 인재였지만 누구도 알아주지 않았고, 심지어 일가친척으로부터도 업신여김을 당하는 신세였다.

그러다 주변 6개국에게 함께 힘을 합쳐 강대국 진나라에 대항하자는 합종책을 건의하여 받아들여지자 일약 여섯 나라의 재상을 겸하는 벼락출세를 하게 되었다. 이에 그토록 멸시하던 일가친척들이 감히 쳐다보지도 못할 정도로 공손해지자 소진이 이렇게 탄식했다.

"나는 예전과 똑같은 몸인데 전에는 나를 가볍게 보고 업신여기더니 내가 부귀해지니 일가친척도 두려워하며 공경한다(前倨後恭). 하물며 세상 사람들이야 더 말할 것이 없겠구나." 《사기(史記)》

가기이방
可欺以方

可	좋을 가
欺	속일 기
以	써 이
方	방법 방

어떤 사람이라도 그럴듯한 방법으로 속일 수 있다.

제아무리 지혜로운 군자도 교활한 자들에게는

정나라의 재상 자산이 물고기를 선물 받았다. 자산은 살아 있는 물고기를 잡아먹을 수 없어 하인에게 연못에 넣어 잘 살게 하라고 일렀다.

하지만 하인이 물고기를 날름 잡아먹고는 태연히 그렇게 했노라 보고하니 자산은 그런 줄만 알았다. 하인이 이웃 사람들에게 말했다. "누가 자산을 지혜 있는 사람이라 하는가? 내가 잡아먹은 것도 모르고 물고기가 연못에 잘 있겠거니 하며 좋아한다." 《맹자(孟子)》

동의어 가기의방(可欺宜方)

해설 《맹자》〈만장장구 상〉편에 나온다. 자산은 춘추시대의 유능한 정치인으로 이름이 높았다. '가기이방'은 학덕이 높은 군자라 해도 세상물정에 어두우면 교활한 자들에게 속아 넘어갈 수밖에 없음을 경계한 말이다.

口 입구 蜜 꿀 밀 腹 배 복 劍 칼 검	# 구밀복검 口 蜜 腹 劍

말은 꿀과 같지만 뱃속에는 칼을 품고 있다. 겉으로는 친절하지만 속에는 음흉함이 가득하다는 뜻.

말은 꿀처럼 달콤하지만 뱃속에는 칼이

당나라 현종 때 재상 이임보는 아첨을 잘하는 간신배로 유명했다. 그는 말은 꿀처럼 달콤하게 했지만 성질이 사악하고 음흉해서 정적은 무슨 죄목이든 뒤집어씌워 숙청했다.

현종은 학문이 뛰어난 인재를 발탁하고자 애를 썼지만 이임보는 그들이 황제에게 바른 말을 할까 봐 한 사람도 중용하지 않았다. 세상 사람들은 이임보를 두고 '입에는 꿀이 발라져 있으나 뱃속에는 칼이 들어 있다(口蜜腹劍)'고 했다. 《자치통감(資治通鑑)》

동의어   면종복배(面從腹背), 소리장도(笑裏藏刀), 양두구육(羊頭狗肉), 양질호피(羊質虎皮), 표리부동(表裏不同)

해설   이임보는 당나라 현종 말기의 재상으로 성격이 음험하고 책략이 많은 간신배였다. 현종으로 하여금 양귀비를 비롯해서 수많은 여자와 향락에 빠지도록 조종한 뒤에 국정을 마음대로 농단했다.

지록위마
指鹿爲馬

指 가리킬 지
鹿 사슴 록
爲 할 위
馬 말 마

사슴을 가리키며 말이라고 하다. 윗사람을 농락하여 권세를 좌지우지하거나 사실이 아닌 것을 사실로 만들어 농간을 부리는 일을 일컫는 말.

사슴을 말이라고 우겨도

진시황제가 죽자 환관 조고가 황제의 조서를 조작하여 똑똑한 태자 부소를 죽이고 아직 어리고 우둔한 호해를 황제로 세웠다.

조고는 호해를 앞세워 충신들을 차례로 처단한 다음, 스스로 승상에 올라 정권을 좌지우지했다. 어느 날 조고가 자신을 반대하는 신하들을 가려내기 위해 호해에게 사슴을 바치면서 말을 바치오니 받아달라고 했다. 호해가 어리둥절한 표정을 짓자 조고가 신하들을 바라보며 말했다. "그대들 눈에도 이것이 사슴으로 보이시오?" 감히 아니라고 말하는 사람은 없었다. 《사기(史記)》

駟 사마 사
不 아닐 불
及 미칠 급
舌 혀 설

사불급설
駟不及舌

네 마리의 말이 끄는 수레도 사람의 혀보다는 덜 빠르다.

네 마리의 말이 끄는 수레보다 빠르다

위나라의 대부 극자성이 말했다. "군자는 본래의 바탕만 갖추고 있으면 그만이지 겉모습이나 형식은 꾸며서 무엇하겠습니까?"

그러자 자공이 말했다. "안타깝구려, 군자에 대해 선생이 그렇게 주장하는 것을 보니 네 마리의 말이 끄는 수레도 선생의 혀를 따르지는 못할 것입니다(駟不及舌). 무늬도 바탕만큼 중요하고, 바탕도 무늬만큼 중요합니다. 호랑이와 표범의 털 없는 가죽은 개와 양의 털 없는 가죽과 같기 때문입니다."

《논어(論語)》

동의어 구시화문(口是禍門), 구화지문(口禍之門)

해설 《논어》〈안연〉편에 나온다. 한번 뱉은 말은 네 마리의 말이 끄는 마차보다도 빨리 삽시간에 퍼지므로 입조심을 하라는 뜻이다.

손여지언
巽與之言

巽 부드러울 손
與 더불 여
之 어조사 지
言 말씀 언

은근하고 부드럽게 남을 타이르는 말.

중요한 것은 잘못을 고치는 일이다

공자께서 말씀하셨다. "올바른 말로 일러주는 것을 따르지 않을
수 있겠는가? 그러나 실제로 중요한 것은 잘못을 고치는 일이다.
은근하게 타이르는 말(巽與之言)에 기뻐하지 않을 수 있겠는가?
그러나 중요한 일은 그 참뜻을 찾아 실천하는 것이다. 기뻐하기만
하고 참뜻을 구하지 않거나 따르기만 하고 실제로 잘못을 고치지
않는다면, 나도 그런 사람을 끝내 어찌할 수가 없다." 《논어(論語)》

해설 《논어》〈자한〉편에 나온다. 남의 마음을 거스르지 않는 온화한 말투가 중요하다는
가르침이다. 막말을 일삼고 거친 행동으로 남에게 상처 주는 사람들에게 일침을 가
하는 말이다.

對 대할 대	
牛 소 우	
彈 연주할 탄	
琴 거문고 금	

대우탄금
對牛彈琴

소를 마주 대하고 거문고를 연주하다. 어리석은 자에게는 아무리 참된 도리를
말해줘도 헛수고라는 뜻.

소에게 거문고 가락을 들려줘도

노나라의 공명의라는 사람이 어느 날 묵묵히 일만 하는 소에게 고
마움을 표하며 멋진 거문고 가락을 들려주었다(對牛彈琴).

하지만 소는 거들떠보지도 않고 풀만 뜯어 먹었다. 그래서 이번에
는 거문고로 모기 울음소리와 젖을 먹는 송아지 울음소리를 흉내
냈더니 꼬리를 흔들며 귀를 쫑긋 세운 채 다소곳이 들었다. 그 소
리가 소의 마음에 맞았기 때문이다. 《홍명집(弘明集)》

동의어 마이동풍(馬耳東風), 우이독경(牛耳讀經)

해설 동의어 '마이동풍'이나 '우이독경'도 마찬가지로 둔하거나 고집이 센 사람에게 아무
리 좋은 말을 해주거나 훈계를 해줘도 알아듣지 못하니 소용없는 일이라는 뜻이다.
옛 문헌에는 소의 우직함과 고집이 센 성질을 인간의 버릇에 빗대어 표현하는 말들
이 많이 등장한다.

구우일모
九牛一毛

九 아홉 구
牛 소 우
一 한 일
毛 털 모

아홉 마리 소의 몸에서 나온 한 올의 털. 지극히 하찮은 일이라는 뜻.

나 같은 인간은 땅강아지와 같다

한나라 무제 때, 장수 이릉이 흉노를 정벌하러 5천의 군사를 이끌고 출전하여 열흘 동안 싸웠지만 중과부적으로 대패하고 말았다. 그런데 후에 죽은 줄로 알았던 이릉이 흉노에 투항하여 후한 대접을 받고 있다는 사실을 안 무제가 당장 그의 일족을 참형하라고 명했다.

이때 사마천이 홀로 나서서 아뢰었다. "소수의 군사로 수만의 오랑캐와 싸우다 투항한 것은 훗날 황은에 보답하기 위해서일 것입니다." 이에 진노한 무제는 사마천을 당장 옥에 가두고 생식기를 잘라 없애는 형벌에 처했다. 사마천은 친구에게 이렇게 썼다.

"내가 처형을 당해도 아홉 마리의 소의 몸에서 나온 터럭 하나쯤(九牛一毛) 없어지는 것과 다르지 않으니 나 같은 사람은 땅강아지나 개미 같은 미물과 무엇이 다르겠는가?" 《한서(漢書)》

동의어 대해일속(大海一粟), 조족지혈(鳥足之血), 창해일적(滄海一滴)

鷄 닭 계
肋 갈비 륵

계륵
鷄肋

닭의 갈비. 먹을 것은 없지만 버리기는 아깝다는 말로, 무엇을 취하기는 해도 별로 이익이 없다는 뜻이다.

먹을 것은 없지만 버리기는 아까운 것

중국 대륙의 심장부인 관중 지역의 중심부는 한중(漢中)이라는 곳이었다. 이 땅을 놓고 유비와 다투던 조조가 고민에 빠지고 말았다. 한중 땅은 사실은 닭갈비처럼 먹을 것은 없지만 버리기엔 너무 아까웠기 때문이다.

어느 날, 저녁식사로 나온 닭갈비 국을 먹고 있던 조조에게 부하가 암구호를 뭐라 정할지 묻자 불쑥 '계륵(鷄肋)'이라고 내뱉었다. 아무도 무슨 뜻인지 몰랐는데, 양수라는 장수만 이를 알아듣고 부하들에게 당장 철수 준비를 하라고 지시했다. 부하들이 까닭을 묻자, 양수가 대답했다.

"닭갈비는 먹을 건 없지만 버리기는 아깝소. 그렇다고 무리해서 뜯을 것까지는 없지요. 주군께서는 곧 철수 명령을 내릴 것이오."

양수는 조조의 속내를 정확히 꿰뚫었지만, 속마음을 들킨 조조는 불같이 화를 내며 군기를 누설했다는 이유로 그를 참수해버렸다.

《후한서(後漢書)》

도역유도
盜亦有道

盜 도둑 도
亦 또 역
有 있을 유
道 도리 도

도둑에게도 도둑으로서의 도(道)가 있다.

도둑이 갖춰야 할 다섯 가지 도

춘추시대의 유명한 도둑 도척에게 부하들이 물었다.

"도둑에게도 도가 있습니까?" 도척이 대답했다.

"어느 곳인들 도가 없는 데가 있겠느냐? 사람의 집에 무엇이 있는가를 알아내는 일은 성(聖)이요, 앞에 나서서 침입하는 것이 용(勇)이며, 훔치고 나올 때 맨 뒤에 서는 것이 의(義)요, 도둑질의 성공 여부를 판단하는 것은 지(知)이며, 훔친 것을 공평히 나누는 것이 바로 인(仁)이다. 이 다섯 가지를 갖추지 않고서 큰 도둑이 된 일은 일찍이 없었느니라."

《장자(莊子)》

해설 도척은 공자와 같은 시대를 살았고, 현인 유하혜의 아우였다고 한다. 한편 《장자》〈잡편〉에 도척에 대한 설명이 나온다. "부하 9천 명을 거느리고 천하를 횡행했으며, 태산 기슭에서 사람의 간을 회로 썰어 먹었다."

脣 입술 순
亡 없을 망
齒 이 치
寒 찰 한

순망치한
脣亡齒寒

입술이 없으면 이가 시리다. 가까운 관계에 있는 한쪽이 망하면 다른 한쪽도 온전하기 어렵다는 뜻.

입술이 없으면 이가 시리다

진나라 헌공이 괵나라를 공격하기 위해 우나라에 보옥과 준마를 뇌물로 주고 길을 빌리려고 했다. 선물이 탐이 난 우나라 왕이 이에 응하려고 하자 대부 궁지기가 말했다.

"절대 안 됩니다. 우나라와 괵나라는 입술과 이처럼 서로 떨어질 수 없는 관계입니다(脣亡齒寒). 만약 길을 빌려준다면 괵나라는 아침에 망하고 우나라는 그날 저녁에 망할 것입니다."

우나라 왕은 궁지기의 말을 듣지 않았고, 3년 뒤에는 선물로 받았던 보옥과 준마를 돌려주는 것은 물론이고 나라마저 완전히 망하고 말았다.

《춘추좌씨전(春秋左氏傳)》

동의어　고장난명(孤掌難鳴), 보거상의(輔車相依), 조지양익(鳥之兩翼)

지어지앙
池魚之殃

池 못 지
魚 물고기 어
之 어조사 지
殃 재앙 앙

연못에 사는 물고기들이 아무 상관도 없는 일에 연루되어 재앙을 당하다. 어떤 일로 인해 제삼자가 애꿎게 피해를 입는다는 뜻.

아무 죄도 없는 물고기들만 모두 죽었다

송나라 때 환사마라는 자가 큰 죄를 지어 벌을 받게 되자 엄청난 값이 나가는 보물을 들고 종적을 감추었다. 왕이 사람을 풀어 그를 찾았더니, 이렇게 말했다. "보물은 도망칠 때 궁궐의 연못에 던져버렸습니다."

왕이 연못의 물을 다 퍼내고 찾아봤지만 보물은 끝내 발견되지 않았고, 대신 아무 죄도 없는 물고기들만 모두 죽고 말았다.

《여씨춘추(呂氏春秋)》

동의어 앙급지어(殃及池魚), 횡래지액(橫來之厄)

吮 빨 연
疽 등창 저
之 어조사 지
仁 어질 인

연저지인
吮疽之仁

입으로 남의 종기를 빨아주는 사랑. 목적을 달성하기 위해 위선적으로 사랑을 베푼다는 뜻.

우리 아들도 전쟁터에 나가 죽을 겁니다

《오자병법(吳子兵法)》으로 유명한 오기 장군은 졸병들과 숙식을 함께하는 장수로 유명했다. 누울 때도 자리를 깔지 않았고, 행군할 때도 수레에 타지 않는 등 모든 면에서 병졸들과 고락을 함께했다. 오기는 종기를 앓는 병사가 있으면 입으로 직접 고름을 빨아줄 정도였는데(吮疽之仁), 그 병사의 어머니가 이 말을 듣자 대성통곡을 했다. 사람들이 까닭을 묻자 이렇게 말했다.

"제 남편도 오기 장군 밑에서 복무할 때 종기가 나자 장군이 고름을 빨아주었답니다. 이에 감격한 남편은 용감하게 싸우다가 끝내 전사하고 말았지요. 그런데 이제 또 아들의 고름을 빨아주었다니, 그 아이도 틀림없이 죽을 것입니다."   《사기(史記)》

해설 사마천은 《사기》에서 '세상에서 군사를 논하는 자들은 모두가 손자와 더불어 오기의 병법을 따른다'고 했을 정도로 《오자병법》을 《손자병법》과 대등한 위치에 놓았다.

영서연설
郢書燕說

郢 땅이름 영
書 글 서
燕 나라 이름 연
說 말씀 설

도리에 맞지 않는 일을 억지로 끌어대어 도리에 닿도록 하다.

촛불을 높이 들어 밝음을 존중하라

초나라의 도성인 영(郢)에 사는 어떤 군자가 연나라 재상에게 편지를 쓰다가 때마침 해질 무렵이라 주변을 밝히려고 하인에게 촛불을 높이 들라고 일렀다. 그런데 붓을 든 채로 말하다 무심결에 서두에 '촛불을 높이 들어라!'라고 쓰고는 그대로 편지를 보내고 말았다.

편지를 받은 연나라 재상은 그 글을 읽고 이상히 여기다 무릎을 쳤다. "촛불을 들라는 것은 밝음을 존중하라는 뜻으로 바로 현명하고 어진 선비를 임용하라는 뜻이다!" 연나라 재상은 곧바로 임금에게 이 말을 전했고, 왕은 기꺼이 그 뜻을 받아들여 국정에 반영했다. 잘못 쓴 글 덕분에 연나라는 태평성대를 누리게 되었다.

《한비자(韓非子)》

동의어 견강부회(牽强附會)

長 길 장
頸 목 경
烏 까마귀 오
喙 부리 훼

장경오훼
長頸烏喙

사람의 관상이 목이 길고, 입은 까마귀 부리같이 뾰족한 모습을 일컫는 말이다.

고통을 함께했지만 평안은 함께 누릴 수 없다

월나라의 재상 범려가 평한 월나라 왕 구천의 관상으로, 입이 뾰족 튀어나오고 목이 긴 얼굴을 가리킨다. 이런 얼굴은 집념이 몹시 강해서 한번 품은 마음은 기어이 이루지만 사람을 의심하는 경향이 강해서 고통을 함께 나눌 수 있어도 평안은 함께 누릴 수 없다고 한다. 실제로 범려는 구천이 천하를 장악한 후에 과감히 벼슬자리를 박차고 나갔다.

《사기(史記)》

해설   구천이 천하의 패권을 잡을 수 있었던 데는 범려와 그의 친구 문종의 공이 컸다. 범려가 구천을 버리고 다른 나라로 탈출한 뒤에 문종을 염려하여 이런 편지를 보냈다. "새 사냥이 끝나면 좋은 활은 감추어지고, 교활한 토끼를 잡고 나면 사냥개를 삶아 먹는 법이오(狡兎死走狗烹)." 유명한 '토사구팽'이라는 말이 여기서 나온다. 문종은 범려의 말을 듣지 않고 월나라에 머물다가 반역죄로 몰려 끝내 자결하고 말았다.

천금지자 불사어시
千金之子 不死於市

千 일천 천
金 쇠 금
之 어조사 지
子 아들 자
不 아닐 불
死 죽을 사
於 어조사 어
市 저자 시

부잣집의 자식은 저잣거리에서 죽지 않는다. 부자는 죄를 지어도 형벌을 면할 수 있다는 뜻으로 쓰인다.

천금의 자식은 저잣거리에서 죽지 않는다

월나라 재상 범려가 벼슬자리에서 스스로 물러나 도(陶)라는 곳에서 살며 타고난 이재를 발휘하여 거부가 되었다. 어느 날 둘째 아들이 초나라에서 살인을 저지르고 투옥되었는데, 범려는 '천금의 자식은 저잣거리에서 죽지 않는다(千金之子 不死於市)'며 큰아들에게 천금을 주고 당장 달려가서 구해 오라고 했다.

이때 범려는 큰아들에게 편지를 건네며 초나라에 가면 장씨라는 사람을 만나 돈과 편지를 전하라고 했다. 큰아들은 아버지의 말에 따랐고, 장씨는 특별사면을 약속했다. 그런데 그사이에 범려의 큰아들이 초나라의 귀인들과 교제하다 동생이 원래 특별사면될 예정이었다는 말을 들었다.

이에 범려의 큰아들은 장씨에게 건넨 돈이 아까워 도로 달라고 했고, 이를 괘씸히 여긴 장씨는 왕에게 범려의 둘째 아들에 대한 특별사면을 취소할 것을 요청했다. 결국 범려의 둘째 아들은 처형되고, 나머지 죄인들은 사면되었다. 《사기(史記)》

抱 안을 포	
璧 구슬 벽	# 포벽유죄
有 있을 유	抱璧有罪
罪 허물 죄	

분수에 맞지 않는 비싼 물건을 갖고 있으면 나중에 재앙을 부르게 된다.

필부는 보물을 갖고 있어도 죄가 된다

우나라 우공의 아우 우숙이 천하제일의 옥구슬을 갖고 있었는데 형이 달라고 하자 이렇게 말했다. "필부는 죄가 없어도 보물을 갖고 있으면 그게 곧 죄가 된다(抱璧有罪). 공연히 화를 부를 필요는 없다." 우숙은 순순히 보물을 바쳤다.

그런데 얼마 뒤에 형은 이번에는 우숙이 갖고 있는 보검을 달라고 했다. 그러자 우숙이 말했다. "만족을 모르는 형은 언젠가는 내 목까지 내놓으라고 할 것이다." 우숙은 반란을 일으켜 형을 내쳤다.

《춘추좌씨전(春秋左氏傳)》

동의어　회벽유죄(懷璧有罪), 회옥유죄(懷玉有罪)

長	길 장
袖	소매 수
善	잘할 선
舞	춤출 무
多	많을 다
錢	돈 전
賈	장사 고

장수선무 다전선고
長袖善舞 多錢善賈

소매가 긴 옷을 입은 사람은 춤을 잘 추고, 돈이 많은 사람은 장사에 성공하기가 쉽다.

소매가 길면 춤을 잘 춘다

강대국인 진나라의 장수는 전쟁을 치르면서 계책을 열 번이나 바꾸어도 실패하는 경우가 드물지만 약소국인 연나라의 장수는 계책을 한 번만 바꿔도 성사되는 경우가 드물다.

이는 진나라의 장수가 지혜롭고 연나라의 장수가 용렬해서가 아니라 국력과 조건의 차이일 뿐이다. 그것은 마치 소매가 긴 옷을 입은 사람의 춤이 더 좋아 보이고, 큰돈을 가진 사람은 장사를 더 잘할 수 있는 것과 마찬가지이다(長袖善舞 多錢善賈). 《한비자(韓非子)》

해설 한비자가 주장했던 법가사상은, 인간은 이기적이고 자기 앞의 현실에만 급급한 존재이니 인간의 실제 행동에 기초해서 정치제도를 만들어야 한다는 논리를 폈다. 그렇기에 법가는 인간의 특정 행동에 엄격한 상벌로 통제하는 법률체계를 통해 통치자와 국가권력을 강화해야 한다고 강조했다. 그러나 이러한 정책을 가혹하게 추진했던 진나라는 불과 15년 만에 몰락하고 말았다.

苛 가혹할 가 斂 거둘 렴 誅 벨 주 求 구할 구	# 가렴주구 苛斂誅求

가혹하게 세금을 징수하여 백성들이 심한 고통을 당하는 상황을 가리킨다.

가혹한 정치는 호랑이보다 더 무섭다

공자가 제자들과 태산 기슭을 지날 때였다. 한 여인이 세 개의 무덤 앞에서 슬피 울고 있어 공자가 제자들에게 까닭을 물어보라고 했다. 여인의 대답은 이랬다. "오래전에 시아버지와 남편이 호랑이에게 죽임을 당했는데 이번엔 아들이 또 호랑이에게 당했답니다." 그런데도 왜 이 마을을 떠나지 않느냐고 묻자 여인이 대답했다. "이곳은 세금을 혹독하게 징수하거나 부역을 강요하는 일(苛斂誅求)이 없답니다." 이에 공자가 제자들에게 말했다. "가혹한 정치는 호랑이보다 더 무섭다(苛政猛於虎)."

《구당서(舊唐書)》

동의어 가정맹어호(苛政猛於虎), 도탄지고(塗炭之苦)

해설 《구당서》는 당나라의 정사로, 기전체 역사서인 《이십사사(二十四史)》 가운데 하나이다. 당나라 고조의 건국부터 멸망까지 21명의 황제가 통치한 290년 동안의 역사를 기록하고 있다.

비전지죄
非戰之罪

非 아닐 비
戰 싸울 전
之 어조사 지
罪 허물 죄

자신이 일을 잘못한 게 아니라 하늘이 돕지 않아 성공하지 못함을 탄식하는 말이다.

이것은 하늘이 나를 버렸기 때문이다

항우가 유방과 벌인 마지막 전투에서 패하자 자신의 처지를 탄식하며 뱉은 말이다. 항우는 사랑하는 여인 우미인과 눈물로 가득한 술잔을 기울이며 한때 힘은 산을 뽑고 기상은 세상을 덮었던(力拔山 氣蓋世) 때를 회상하며 이렇게 말했다. "이것은 하늘이 나를 버렸기 때문이지 내가 싸움을 못했기 때문이 아니다(非戰之罪)."

《사기(史記)》

해설　한신은 항우가 유방보다 막강한 군사력을 보유하고도 패배한 원인을 '부인지인(婦人之仁)'과 '필부지용(匹夫之勇)' 때문이었다고 결론 내렸다. 부인지인은 '부녀자의 여리고 어진 마음'이라는 말로, 항우가 작은 아량에 사로잡혀 우왕좌왕함으로써 대사를 그르친 일이 많았다는 뜻이다. 필부지용은 '평범한 사내의 용기'라는 뜻으로, 항우가 막판의 연이은 패배에 분노를 참지 못하고 자결함으로써 스스로 재기의 기회를 날려버린 것을 비판하는 말이다.

壽 목숨 수
則 곧 즉
多 많을 다
辱 욕될 욕

수즉다욕
壽則多辱

오래 살면 욕됨이 많아진다. 오래 살수록 고생할 일이 많다는 뜻.

오래 살수록 고생할 일이 많아진다

요나라 임금이 어느 마을에 갔는데, 한 백성이 말했다. "오래오래 사시고, 부자 되시고, 아드님도 많이 두시기를 바라옵니다!" 이에 임금이 대답했다. "아들을 많이 두면 걱정거리가 많아지고, 부자가 되면 일이 많아지며, 오래 살면 욕됨이 많아지느니라(壽則多辱)."

그러자 백성이 다시 말했다. "자식이 많아져도 각각 제 할 일을 맡기면 되고, 부자가 되더라도 남에게 재물을 나누어주면 되며, 오래 살더라도 삼환(三患-질병, 늙음, 죽음)과 재앙이 없다면 무슨 욕됨이 있겠습니까?" 《장자(莊子)》

거자불추 내자불거
去者不追　來者不拒

去	갈 거
者	놈 자
不	아닐 불
追	쫓을 추
來	올 래
者	놈 자
拒	막을 거

가는 사람 붙들지 않고, 오는 사람 물리치지도 말아라.

몸을 바르게 하고 묵묵히 기다릴 뿐이다

공자의 제자인 자공이 말했다. "군자는 몸을 바르게 하여 기다릴 뿐이다. 오고 싶어 하는 사람은 거절하지 않고, 가고 싶어 하는 사람은 붙잡지 않는다."

《순자(荀子)》

동의어　거자막추(去者莫追), 왕자불추(往者不追)

해설　순자는 유학사상이 2,000년 이상 학문적 전통을 이어올 수 있었던 것은 그의 공헌이 있었기 때문이라는 말을 들을 만큼 공맹사상(孔孟思想)을 체계화한 인물이다. 맹자의 성선설(性善說)에 대하여 성악설(性惡說)을 주장한 것으로 널리 알려져 있다.

塞 변방 새
翁 늙은이 옹
之 어조사 지
馬 말 마

새옹지마
塞翁之馬

세상만사는 변화가 많아 길흉화복을 예측하기 어려우니 한때의 재난이나 복에 일희일비하지 마라.

한때의 재난이나 행운에 일희일비하면

어느 날 한 노인이 기르고 있던 말이 달아났다. 사람들이 위로하자 노인은 오히려 그 일이 복이 될지 누가 알겠느냐며 태연한 표정을 지었다.

얼마 후 그 말이 준마(駿馬)를 데리고 돌아와 사람들이 축하하자 노인은 이번에는 그 일이 오히려 화를 부르게 될지 모른다며 걱정했다. 얼마 후 노인의 아들이 준마를 타다 떨어져 다리에 큰 부상을 입었다. 마을 사람들이 걱정하자 노인은 이 일이 복이 될 수도 있다며 태연하게 받아들였다.

1년 후, 마을의 청년들이 전쟁터에 불려나가 대부분 죽었지만 노인의 아들은 절름발이였기 때문에 전쟁에 나가지 않아 죽음을 면할 수 있었다. 《회남자(淮南子)》

동의어 반화위복(反禍爲福), 새옹득실(塞翁得失), 새옹화복(塞翁禍福)

와신상담
臥薪嘗膽

臥 누울 와
薪 섶 신
嘗 맛볼 상
膽 쓸개 담

섶에 누워 쓸개를 씹다. 복수를 위해 고통을 참고 견딘다는 뜻.

짚단 위에서 자고, 쓸개를 핥고

오나라 합려와의 오랜 싸움 끝에 월나라의 윤상이 죽자, 보위를 이어받은 아들 구천이 후에 오나라를 침략하여 합려를 죽음에 이르게 함으로써 아버지의 원한을 갚았다.

이때부터 합려의 아들 부차는 반드시 복수하라는 아버지의 말을 잊지 않으려고 섶 위에서 잠을 자며(臥薪) 복수를 다짐했다. 후에 구천은 부차의 군대를 섣불리 공격했다가 대패하여 회계산으로 도망쳤다. 한참을 쫓기던 구천은 더 이상 갈 곳이 없자 부차에게 천하제일의 미녀 서시를 바치며 신하가 되겠노라며 항복했다.

이때 부차의 참모 오자서가 구천을 당장 죽여야 한다고 간언했으나 부차는 오랜 원한관계를 끝내고 싶어 그를 용서하고 풀어주었다. 그 뒤 구천은 옆에 쓸개를 놔두고 앉으나 서나 그것을 핥으면서 패배의 치욕을 되씹었다(嘗膽). 20년 후, 마침내 구천이 부차를 굴복시키고 전날의 굴욕을 씻음으로써 물고 물리는 복수전의 대미를 장식했다. 《사기(史記)》

동의어 절치액완(切齒扼腕), 회계지치(會稽之恥)

愚 어리석을 우
公 벼슬 공
移 옮길 이
山 뫼 산

우공이산
愚公移山

세상 사람들이 보기엔 어리석게 보이지만 작정을 하고 끝까지 밀고 나가면 언젠가는 목적을 이룰 수 있다.

언젠가는 저 산이 평평해질 날이 올 것이다

옛날에 태행산과 왕옥산 사이에 있는 북산에 우공이라는 90세 노인이 살고 있었다. 이곳은 사방이 700리나 되고 높이가 수만 척이나 되는 산악지대로 교통이 몹시 불편했다.

어느 날 우공이 '저 험한 산을 평평하게 만들어놓겠다'고 장담하며 작업에 착수했다. 사람들이 비웃었지만 우공은 태연했다. "파낸 흙은 발해에다 갖다버리면 되고, 내가 작업을 하다 죽으면 아들이 이어받을 테고, 아들은 손자에게 이어져 언젠가는 반드시 저 산이 평평해질 날이 올 것이다."

이에 감동한 천제는 힘의 신 과아씨에게 명하여 두 산을 다른 곳으로 옮겨놓게 했다.　　　　　　　　　　　　　　　　　《열자(列子)》

동의어　마부작침(磨斧作針), 수적천석(水滴穿石), 적토성산(積土成山), 진합태산(塵合太山), 철저성침(鐵杵成針)

제5장

흙土

태산은 작은 흙덩이 하나도 사양하지 않는다

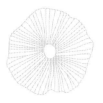

마부작침
磨斧作針

磨 갈 마
斧 도끼 부
作 만들 작
針 바늘 침

도끼를 갈아 바늘을 만들다. 아무리 이루기 힘든 일도 끈기 있게 노력하면 성공하고야 만다는 뜻.

도끼를 갈아 바늘을 만들겠다

이백이 소년시절에 중도에 학문을 그만두고 집으로 돌아가는 길에 한 노파를 만났다. 노파는 물가에 있는 바위에 열심히 도끼를 갈고 있었는데, 연유를 물어보니 바늘을 만들기 위해 그런다는 것이었다. 노파의 끈기와 노력에 감명을 받은 이백은 그길로 다시 산으로 돌아가 학문에 매진하게 되었다. 《방여승람(方與勝覽)》

해설 이백은 두보와 함께 당나라 시대를 대표하는 시인으로 시선(詩仙)으로 불렸다. 《방여승람》은 남송 때 축목(祝穆)이 지은 지리서이다. 《당서》에도 위와 같은 내용이 수록되어 있다.

刮 비빌 괄
目 눈 목
相 서로 상
對 대할 대

괄목상대
刮目相對

눈을 비비고 상대를 다시 보다. 학식이나 업적이 크게 진보한 것을 뜻한다.

눈을 비비고 다시 봐야 할 정도

오나라 군주인 손권의 휘하에는 여몽이라는 장수가 있었다. 졸병에서 출발해서 대장군까지 올랐지만 원래 일자무식이라 병법서는 커녕 편지 한 장 제대로 쓸 줄을 몰랐다.

그의 능력을 아낀 손권이 누차 학문에 전념하라고 이르자 여몽은 전장에 나가서도 손에서 책을 놓지 않고 공부에 전념했다. 어느 날 뛰어난 학식을 지닌 여몽의 친구가 그와 마주앉아 이야기를 나누다가 그의 박식함에 깜짝 놀라자 여몽이 이렇게 대꾸했다. "선비는 헤어진 지 사흘만 지나도 눈을 비비고 다시 봐야 할 정도로(刮目相對) 달라져 있어야 하는 법이라네." 《삼국지(三國志)》

해설   손에서 책을 놓지 않고 공부에 전념하는 모습을 가리키는 사자성어는 '수불석권(手不釋卷)'이다. 항상 손에 책을 들고 부지런히 공부하는 것을 이르는 말이다.

고저왕이지래
告諸往而知來

告 고할 고
諸 어조사 저
往 갈 왕
而 말 이을 이
知 알 지
來 올 래

지난 일에 대해 말을 해주면 앞으로 일어날 일을 알아차린다.

지난 일을 말하니 알려주지 않은 것까지 아는구나

자공이 말했다. "가난하면서도 남에게 아첨하지 않고 부유하면서도 사람에게 교만하지 않는다면 어떻겠습니까?" 공자께서 말씀하셨다. "그 정도면 괜찮은 사람이지만 가난하면서도 즐겁게 살고, 부유하면서도 예의를 아는 사람만 못하다."

자공이 말했다. "《시경》에 이르기를 '칼로 자르는 듯하고 줄로 가는 듯하며, 정으로 쪼는 듯하고 숫돌로 광을 내는 듯하도다'라고 했는데, 이를 말씀하시는 것입니까?" 공자께서 말씀하셨다. "너와 비로소 시(詩)를 이야기할 만하구나. 지나간 일을 말해주니 알려주지 않은 것까지 아는구나(告諸往而知來)." 《논어(論語)》

해설　《논어》〈학이〉편에 나온다. 공자는 제자가 아주 많았는데 그중에 특히 유명한 제자로는 안회, 자로, 자공, 자하, 염유, 자유, 증자 등이 손꼽힌다.

入 들 입
耳 귀 이
着 붙을 착
心 마음 심

입이착심
入耳着心

한번 들은 것을 마음속에 잘 간직하여 잊지 않다.

소인의 학문은 귀로 들어가 입으로 나온다

군자의 학문은 배운 것이 귀로 들어가 마음에 붙어(入耳著心) 온몸에 퍼지고 행동으로 나타난다. 작은 소리로 말하고 조심스럽게 행동하니 하나같이 모범으로 삼을 만하다.

반면에 소인의 학문은 귀로 들어가 입으로 곧장 나온다. 입과 귀 사이는 네 치 정도이니 어찌 칠 척의 몸을 아름답게 할 수 있겠는가.

《순자(荀子)》

해설　《순자》〈권학〉편에 나온다. 다음에 이어지는 문장은 이렇고. "옛날의 성현들은 자신을 위해 학문을 했으나(爲己之學) 오늘날의 학자들은 남에게 보이기 위한 학문(爲人之學)에 지나지 않는다. 군자는 학문을 통해 자신을 윤택하게 하려는 것이고, 소인은 출세하기 위한 수단으로 이용하려는 것이다."

은감불원
殷鑑不遠

殷 은나라 은
鑑 거울 감
不 아닐 불
遠 멀 원

은나라가 거울로 삼을 만한 교훈은 멀리 있지 않다. 가까운 곳에 교훈이나 귀 감으로 삼을 만한 좋은 전례가 있다는 뜻.

교훈을 삼을 것은 멀리 있지 않다

하나라 걸왕과 은나라 주왕은 최악의 폭군으로 유명하지만 원래 부터 그런 건 아니었다. 젊어서는 출중한 지혜와 용기를 겸한 인물 이었지만 걸왕에게는 매희라는 여인이, 주왕에게는 달기라는 여인 이 생기면서 주지육림에 빠져들어 나라를 망치고 말았다.

이후 이들의 뒤를 이어 왕에 오른 주나라 문왕이 새로운 왕조를 세 웠을 때, 서백이라는 신하가 간언을 하다 옥에 갇히자 이런 말을 했다. "은나라 왕이 거울로 삼을 만한 것은 먼 곳에 있지 않고 하나 라 걸왕 때 있사옵니다(殷鑑不遠 在夏后之世)." 《시경(詩經)》

동의어 복거지계(覆車之戒)

天 하늘 천
知 알 지
地 땅 지
汝 너 여
我 나 아

천지지지 여지아지
天知地知 汝知我知

하늘이 알고 땅이 알고, 네가 알고 내가 안다. 세상에 비밀은 없다는 뜻.

하늘이 알고 땅이 알고, 네가 알고 내가 알고

후한 안제 때, 양진이란 인물은 관서 지방의 공자라 불릴 만큼 어질고 현명한 선비였다. 그가 동래태수로 임명되어 임지로 가던 중에 창읍이란 곳에 묵게 되었는데, 그곳 현령 왕밀이 밤늦게 찾아왔다. 왕밀은 예전에 양진이 형주자사로 있을 때, 그의 인품을 높이 평가해서 관리로 채용한 인연이 있었다.

오랜만에 만난 두 사람이 지난 이야기를 나누며 술잔을 기울이고 있던 중에 왕밀이 소매 속에서 황금 10근을 꺼내 양진에게 건넸다. 지난날 양진이 자신에게 베풀어준 은혜에 대한 보답으로 준비한 선물이었다. 아무리 사양해도 거듭 받아두라고 간청하는 왕밀에게 양진이 말했다.

"하늘이 알고 땅이 알고, 자네가 알고 내가 아는 일이니(天知地知 汝知我知) 절대 받을 수 없네."　　　　　　　　　　　　　　《후한서(後漢書)》

무항산무항심
無恒産無恒心

無	없을 무
恒	항상 항
産	재산 산
心	마음 심

먹고살 만한 살림이 없으면 사람으로서 마땅히 지녀야 할 바른 마음마저 사라진다.

물질이 없으면 바른 마음을 가질 수 없다

제나라 선왕이 바른 정치에 대해 신하들에게 묻자 맹자가 백성들이 배부르게 먹고 따뜻하게 지내면 바른 정치는 자연히 열린다며 이렇게 답했다.

"경제적으로 안정되지 않아도 항상 바른 마음을 지닐 수 있는 것은 오직 뜻있는 선비만이 가능합니다. 일반 백성은 경제적 안정이 없으면 항상 바른 마음을 지닐 수 없습니다(無恒産而無恒心). 항상 바른 마음을 지닐 수 없다면 방탕하고 편벽되며 부정하고 허황되어 어찌할 수 없게 됩니다."

《맹자(孟子)》

해설　《맹자》〈양혜왕 상〉편에 나온다. 한편 '관포지교'로 유명한 관중은 《관자》에서 '창름실즉지예절(倉廩實則知禮節)'이라고 했다. '사람은 모름지기 곳간이 가득 차야 비로소 예의범절을 안다'는 뜻이다.

惠 은혜 혜
而 말 이을 이
不 아닐 부
知 알 지
爲 할 위
政 정사 정

혜이부지위정
惠而不知爲政

은혜롭기는 하지만 정치에 대해 잘 모른다. 무조건 백성들에게 은혜를 베푸는
일과 바른 정치는 다르다는 뜻.

사람이 건널 수 있는 다리를 놓아주어라

정나라의 대부 자산이 어느 날 백성들이 강을 건너느라 고생하는
걸 보고 자신의 수레에 함께 타고 건너도록 했다. 이 일로 백성들
의 칭찬이 자자했지만 맹자는 그가 정치를 할 줄 모르는 사람이라
며 이렇게 말했다.

"그는 은혜롭기는 하지만 정치를 할 줄 모른다(惠而不知爲政). 강을
건너는 사람을 일일이 태워줄 게 아니라 사람이나 수레가 건널 수
있는 다리를 놓아주면 백성들이 물을 건너는 데 근심하지 않을 것
이다."

《맹자(孟子)》

해설　《맹자》〈이루 하〉편에 나온다. 자산은 누구보다 어진 재상으로 칭송이 자자했지만,
그럼에도 맹자는 정치는 어진 것만으로는 되는 게 아니라고 꼬집는다. 정치가는 모
름지기 백성에게 실질적이고 직접적인 도움을 주는 실용주의자가 되어야 한다는
웅변이다.

혜이불비
惠而不費

惠 은혜 혜
而 말 이을 이
不 아닐 불
費 쓸 비

백성들에게 항상 은혜를 베풀되 넘칠 정도여서는 안 된다.

정치에 종사할 수 있는 다섯 가지 미덕

자장이 공자께 여쭈었다. "어떻게 하면 정치에 종사할 수 있습니까?" 공자께서 말씀하셨다. "다섯 가지 미덕을 존중한다면 정치에 종사할 수 있다. 그것은 은혜를 베풀되 낭비하지 말고(惠而不費), 수고롭게 일을 시켜도 원망을 사지 않으며(勞而不怨), 뜻을 이루고자 하면서도 탐욕을 부리지 않고(欲而不貪), 넉넉하면서도 교만하지 않으며(泰而不驕), 위엄이 있으면서도 사납지 않은 것이다(威而不猛)."

《논어(論語)》

해설 《논어》〈요왈〉편에 나온다. 지도자의 행동강령과도 같은 말로 오늘날에도 공직사회에서 반드시 본받아야 할 정신으로 널리 회자되고 있다.

推 밀 추 己 자기 기 及 미칠 급 人 사람 인	# 추기급인 推己及人

내 처지를 미루어 남을 헤아리다. 자기 마음을 기준으로 삼아 남에게도 그렇게 대하거나 행동한다는 뜻.

옛날의 현명한 군주들은

제나라 경공이 한겨울에 따뜻한 방에서 여우 털로 만든 옷을 입고 바깥에 쌓인 눈을 내다보며 재상 안영에게 이렇게 말했다. "올해는 눈이 많이 내렸지만 마치 봄날처럼 따뜻하여 조금도 춥지 않구려."

이에 안영이 말했다. "옛날의 현명한 군주들은 자기가 배불리 먹으면 누군가 굶주리지 않을까 걱정하고, 자기가 따뜻한 옷을 입고 있으면 누군가 얼어 죽지 않을까 걱정했으며, 자기의 몸이 편안하면 누군가 불편하지 않을까 항상 염려했습니다." 이 말에 경공은 부끄러운 나머지 얼굴을 붉히며 아무 말도 하지 못했다. 《논어(論語)》

동의어　혈구지도(絜矩之道)

혈구지도
絜矩之道

絜 헤아릴 혈
矩 곱자 구
之 어조사 지
道 길 도

자신의 처지를 미루어 남의 형편을 헤아리다.

앞에서 싫어하는 것을 뒷사람 앞에 놓지 말고

위에서 싫어하는 것으로 아랫사람을 부리지 말며, 아래에서 싫어하는 것으로 윗사람을 섬기지 말라. 앞에서 싫어하는 것을 뒷사람 앞에 놓지 말고, 뒤에서 싫어하는 것으로 앞사람을 따르게 하지 말라. 오른쪽에서 싫어하는 것으로 왼쪽과 사귀지 말며, 왼쪽에서 싫어하는 것으로 오른쪽과 사귀지 말라. 《대학(大學)》

동의어 추기급인(推己及人)

해설 목수가 집을 지을 때 사용하는 도구로 '곱자'라는 것이 있다. 나무나 쇠를 재료로 하여 90도 각도로 만든 것인데, 곱자를 가지고 길이를 재는 것을 '혈구'라 한다. 목수들이 곱자를 가지고 정확하게 치수를 재듯이 남의 처지를 자세히 헤아리는 것을 '혈구지도'라 한다.

己 자기 기 所 바 소 不 아닐 불(부) 欲 하고자 할 욕 勿 말 물 施 베풀 시 於 어조사 어 人 사람 인	# 기소불욕 물시어인 己 所 不 欲 勿 施 於 人

자기가 하기 싫은 일은 남에게도 하게 해서는 안 된다. 스스로 하고 싶지 않은 일은 다른 사람에게도 시키지 말라는 뜻.

내가 원하지 않는 일을 남에게 시키지 마라

자공이 공자에게 물었다. "제가 평생 동안 실천할 수 있는 한 마디의 말이 있습니까?" 공자가 답했다. "그것은 바로 서(恕)이다. 자신이 원하지 않으면 다른 사람에게도 시키지 말아야 한다(己所不欲 勿施於人)."

《논어(論語)》

동의어 혈구지도(絜矩之道)

해설 《논어》〈위령공〉편에 나온다. '서(恕)'는 참된 마음으로 타인의 입장을 헤아려서 배려하는 정신으로, 내가 인격적으로 존중을 받으려면 타인을 먼저 인격적으로 존중하는 태도가 필요하다는 의미를 갖고 있다.

오월동주
吳越同舟

吳 나라이름 오
越 월나라 월
同 같을 동
舟 배 주

원수지간인 오나라 사람과 월나라 사람이 같은 배를 타다. 어려운 상황이 되면 원수지간도 협력하게 된다는 뜻.

아무리 원수지간이라도 어려운 상황이 되면

오나라의 합려와 월나라의 윤상은 사사건건 충돌하며 원수처럼 으르렁대는 사이였다. 그러다 윤상이 합려에 밀려 궁지에 몰린 끝에 죽자, 그의 아들 구천이 오나라를 침략하여 합려를 죽임으로써 복수를 했다. 하지만 다음에는 합려의 아들 부차가 구천을 응징함으로써 대를 이어 물고 물리는 원한관계를 이어갔다.

그런데 손자는 이들의 관계를 들어 이렇게 말했다. "오나라와 월나라는 원수처럼 서로 미워하는 사이였지만, 만약 그들이 같은 배를 타고 바다를 건너다 풍랑을 만난다면 오히려 오른손과 왼손의 관계처럼 도울 것이다(嗚越同舟)."

《손자병법(孫子兵法)》

동의어 동주상구(同舟相救), 동주제강(同舟濟江)

安 편안 안
不 아닐 불
忘 잊을 망
危 위태할 위

안불망위
安不忘危

편안할 때일수록 위험을 잊지 않는다. 항상 스스로를 경계하여 언제 닥칠지 모르는 곤경에 대처한다는 말.

군자는 편안할수록 위험을 잊지 않는다

군자는 태평할 때에도 위기를 잊지 않고(安不忘危), 순탄할 때에도 멸망을 잊지 않으며, 잘 다스려지고 있을 때에도 혼란을 잊지 않는다. 이렇게 함으로써 내 몸을 보전할 수 있고 가정과 나라를 온전히 보전할 수 있다. 《주역(周易)》

동의어 거안사위(居安思危), 유비무환(有備無患)

반의어 망우보뢰(亡羊補牢), 사후약방문(死後藥方文)

해설 동의어 '유비무환'은 우리가 흔히 쓰는 말로, 《서경》에 나온다. "생각이 옳으면 이를 행동으로 옮기되 그 일을 시기에 맞게 하라. 나는 옳다고 우기면 그 옳은 것을 잃고, 그 능한 것을 자랑하면 그 공을 잃게 된다. 오직 모든 일은 다 그 갖춘 것이 있는 법이니, 갖춘 것이 있어야만 근심이 없을 것이다(有備無患)."

동당벌이
同黨伐異

同	같을 동
黨	무리 당
伐	칠 벌
異	다를 이

같은 의견을 가진 패거리끼리는 시비곡절을 따지지 않고 하나가 되고, 다른 의견을 가진 사람은 멀리하다.

나와 의견이 다르면 무조건 적으로 돌린다

후한시대 말기의 혼란한 정치상황 속에서 환관, 외척세력, 당인(黨人)들이 벌인 극심한 당파싸움을 가리키는 말이다. 이들은 옳고 그름을 떠나 자기들과 생각이 다른 사람은 무조건 배척하며 적으로 돌리는 등 극심한 반목과 대립을 일삼았는데, 이런 폐단은 결국 후한시대의 몰락을 불러왔다. 《후한서(後漢書)》

해설 후한 말기는 어린 황제들이 연이어 즉위하면서 외척과 환관 세력이 정치를 어지럽히는 등 혼란이 계속되었다. 이에 농민들의 생활이 극도로 어려워지자 사방에서 반란이 일어났다. 그중에서도 특히 '태평도(太平道)'라는 신앙으로 똘똘 뭉친 황건적이 전국을 휩쓸면서 나라의 혼돈은 더욱 가중되었다. 이런 혼란 끝에 후한은 끝내 멸망하고 말았다.

谿 시내 계
壑 골 학
之 갈 지
慾 욕심 욕

계학지욕
谿壑之慾

골짜기는 메울 수 있어도 사람의 욕심은 메울 수 없다.

사람의 욕심은 끝이 보이지 않는다

사람의 욕심은 시내가 흐르는 깊은 골짜기와 같아서 아무리 채워도 결코 끝이 보이지 않는다.

《국어(國語)》

동의어 기마욕솔노(騎馬欲率奴)

해설 《국어》는 춘추시대의 나라별 역사서로 '춘추외전(春秋外傳)'이라고도 한다. '국어'라는 제목은 각국의 역사 이야기라는 뜻이다. 동의어 '기마욕솔노'는 말을 타면 종을 두고 싶어 한다는 말이다. 말을 타고 다니는 사람을 보면 나도 말이 있었으면 좋겠다며 부러워했는데, 막상 말이 생겨서 타고 다니다 보니 이제는 말고삐를 잡는 종까지 거느리고 싶어 한다는 뜻이다.

확금자불견인
攫金者不見人

攫	움킬 확
金	쇠 금
者	놈 자
不	아닐 불
見	볼 견
人	사람 인

물욕에 눈이 멀게 되면 의리나 염치를 모르게 된다.

사람은 보이지 않고 황금만 보였다

제나라의 한 도둑이 시장의 가게에서 금을 훔쳐 가지고 나오다 관리인에게 붙잡히고 말았다. 관리인이 도둑에게 물었다. "당신은 어째서 사람들이 모두 지켜보고 있는데도 남의 물건을 훔친 거요?" 도둑이 대답했다. "금을 가지고 나올 때는 사람은 보이지 않고 금만 보였습니다(攫金者不見人)."

《열자(列子)》

해설 《열자》〈설부〉편에 나온다. 목전의 이익에만 매달리면 주위를 돌아볼 여유를 잃을 정도로 무모해져서 인간의 도리를 저버리게 된다는 뜻이다. 한편 《회남자》에는 '축수자목불견태산(逐獸者目不見太山)'이라는 말이 나온다. '짐승을 쫓는 사람의 눈은 큰 산을 보지 못한다'는 뜻이다. 옛사람들은 이를 합쳐 '축록자불견산 확금자불견인(逐鹿者不見山 攫金者不見人)'이라고 말했다.

海 바다 해
翁 늙은이 옹
好 좋아할 호
鷗 갈매기 구

해옹호구
海翁好鷗

사람에게 흑심이 있으면 새도 그것을 알고 가까이하지 않는다.

갈매기도 인간이 사심으로 대하면

바닷가에 사는 어떤 사람이 갈매기를 좋아해서 매일 아침 어울려 놀았는데, 하루는 아버지가 자기도 갈매기와 놀고 싶으니 몇 마리 잡아달라고 했다.

다음 날 아들이 바닷가에 나갔으나 갈매기들은 그의 머리 위를 맴돌 뿐 내려오지 않았다. 《열자(列子)》

해설 《열자》〈황제〉편에 나온다. 한낱 미물인 갈매기도 사람이 사심 없이 대하면 함께 하지만 욕심을 앞세우면 가까이 다가오지 않듯 자연에 융화되려면 사심을 버려야 한다는 가르침이다. 자연이나 생물을 함부로 대하는 인간의 태도나 욕심을 꼬집고 있다.

당랑규선
螳螂窺蟬

螳 사마귀 당
螂 사마귀 랑
窺 엿볼 규
蟬 매미 선

눈앞의 이익에 정신이 팔려 후에 닥칠 위험을 모르고 있다가 큰 재앙을 겪다.

눈앞의 이익에 정신이 팔린 탓에

오나라 왕 부차가 월나라를 무너뜨린 후 충신 오자서를 죽이고 미녀 서시에 빠져 지낼 때였다. 신하들이 월나라 구천이 절치부심하며 재기를 노리고 있다는 사실을 아무리 간언해도 부차는 막무가내였다. 어느 날 태자가 옷이 흠뻑 젖은 채 아버지 앞에 나타나 말했다.

"아침에 뒤뜰에 나갔더니 높은 나뭇가지에 매미가 앉아 울고 있었습니다. 그 뒤에서는 사마귀가 매미를 잡아먹으려고 노리고(螳螂窺蟬), 그 뒤엔 참새가 사마귀를 잡아먹으려고 노리는데 마침 제가 참새를 향해 활시위를 당기다가 그만 활을 쏘는 데 정신이 팔려 웅덩이에 빠지고 말았습니다."

부차는 상황이 이렇게 급박하니 어서 정신을 차리라는 아들의 말에 벌컥 화를 내며 당장 물리쳤다. 부차는 결국 구천의 공격을 받아 자결했고 나라마저 망했다. 《설원(說苑)》

동의어 　당랑박선(螳螂搏蟬), 당랑재후(螳螂在後), 소탐대실(小貪大失)

水 물 수
至 지극할 지
淸 맑을 청
則 곧 즉
無 없을 무
魚 물고기 어

수지청즉무어
水至淸則無魚

물이 너무 맑으면 물고기가 없다. 사람이 너무 야박하거나 지나치게 똑똑하면 다른 이들이 피하기 때문에 주변에 사람이 별로 없다는 뜻.

물이 너무 맑으면 고기가 없다

《한서》를 지은 반고의 아우 반초가 오랑캐 나라 50여 국을 복속시킨 공으로 서역의 도호가 되었다가 퇴임을 하자, 후임자가 찾아와 서역을 다스림에 있어 특히 유의할 점이 무엇인지 물었다.

반초는 후임자의 성격이 과격한 것을 들어 이렇게 충고했다. "물이 너무 맑으면 고기가 없고(水至淸卽無魚), 사람이 지나치게 살피면 따르는 무리가 없다(人至察卽無徒)."

《후한서(後漢書)》

법지불행 자상정지
法之不行 自上征之

法	법 법
之	어조사 지
不	아닐 불
行	행할 행
自	어조사 자
上	윗 상
征	칠 정

법이 제대로 행해지지 않는 이유는 위에서 지키지 않기 때문이다. '윗물이 맑아야 아랫물도 맑다'는 속담과 같은 뜻.

법이 제대로 지켜지지 않는 이유

진나라 효공 때의 재상 상앙(商鞅)이 새로운 법령을 시행했는데, 태자가 법령을 위반했다. 이에 상앙이 '법이 제대로 지켜지지 않는 이유는 위에서부터 이를 어기기 때문(法之不行 自上征之)'이라며 태자를 벌하려고 했다는 고사에서 나온 말이다. 《사기(史記)》

해설　상앙은 법가의 맥을 잇는 정치가로 진나라 효공의 신임을 받아 법령과 제도를 개혁하고 부국강병을 꾀했다. 그러나 지나친 법령 지상주의를 주장하다 숱한 적을 만들고, 결국 자신이 만든 법에 죽고 말았다. 법가의 책인 《상군서(商君書)》를 남겼다.

有 있을 유	
言 말씀 언	# 유언자불필유덕
者 놈 자	有言者不必有德
不 아닐 불	
必 반드시 필	
德 덕 덕	

말을 잘하는 사람이라도 수양이 잘되어 있는 것은 아니다.

말을 잘한다고 반드시 덕이 있는 것은 아니다

공자께서 말씀하셨다. "덕이 있는 사람은 바른 말을 하지만, 바른 말을 하는 사람이라고 반드시 덕이 있는 것은 아니다(有言者不必有德). 인한 사람은 반드시 용기를 가지고 있지만, 용기 있는 사람이라고 해서 반드시 인한 것은 아니다." 《논어(論語)》

해설　《논어》〈헌문〉편에 나온다. 바른 말을 하고 용기 있는 태도를 취할 때, 반드시 거기에 덕과 인이 포함되어야 한다는 가르침이다.

양약 고어구 이어병
良藥 苦於口 利於病

良	좋을 량(양)
藥	약 약
苦	쓸 고
於	어조사 어
口	입 구

좋은 약은 입에 쓰지만 병을 고치는 데는 이롭다. 충언은 귀에 거슬리지만 자신에게 이롭다는 뜻.

좋은 약은 입에 써도 병에 이롭다

탕왕과 무왕은 직언을 하는 신하들 덕분에 일어났고, 걸왕과 주왕은 무조건 복종하는 사람들로 인해 망했다.

임금에게 말리는 신하가 없고, 아비에게 말리는 아들이 없으며, 형에게 말리는 아우가 없고, 선비에게 말리는 친구가 없으면 과오를 범하지 않을 사람이 없다. 좋은 약은 입에 써도 병에 이롭고, 충성된 말은 귀에 거슬려도 행하는 데 이롭다(良藥 苦於口 利於病).

《공자가어(孔子家語)》

해설 《공자가어》는 공자가 공경대부나 제자들과 나눈 일상의 대화를 편찬한 책으로 《논어》, 《좌전》, 《맹자》 등에 실리지 않은 일화들을 수록하고 있다. 위나라의 왕숙(王肅)이 편찬한 것으로 알려져 있다.

羊 양 양
頭 머리 두
狗 개 구
肉 고기 육

양두구육
羊頭狗肉

양의 머리를 걸어놓고 개고기를 팔다. 겉은 훌륭해 보이지만 속은 그렇지 않다는 뜻.

양의 머리를 걸어놓고 개고기를 팔다

제나라의 영공에게는 궁중의 여인들에게 남장을 하라고 강요하는 괴벽이 있었다. 이에 나라 안의 모든 여인들이 온통 남장을 하는 사태가 벌어지게 되었다.

그러자 영공이 궁중 밖에서는 여자가 남장을 하는 걸 금지시켰는데 백성들이 잘 따르지 않았다. 왕이 방도를 묻자, 재상 안자가 말했다.

"궁중 안에서는 남장 여인을 허용하면서 밖에서는 금지하는 것은 마치 양의 머리를 가게 앞에 걸어두고 실제로는 개고기를 파는 것과 같습니다(羊頭狗肉). 그러니 이제부터라도 궁중 안에서도 여자들의 남장을 금하소서." 영공이 이 말에 따랐더니 얼마 후에 나라 안에 남장 여인이 전부 사라졌다. 《안자춘추(晏子春秋)》

동의어 구밀복검(口蜜腹劍), 면종복배(面從腹背), 소리장도(笑裏藏刀), 표리부동(表裏不同)

두소지인
斗筲之人

斗 말 두
筲 대그릇 소
之 어조사 지
人 사람 인

도량이 매우 좁은 사람. 두(斗)는 한 말, 소(筲)는 한 말 두 되 용량의 대나무 그릇을 가리킨다.

자신의 행동을 부끄러워할 줄 아는 사람

자공이 여쭈었다. "어떤 사람을 진정한 선비라고 할 수 있습니까?" 공자께서 말씀하셨다. "자신의 행동에 대해 부끄러워할 줄 알고, 사방에 사신으로 가서도 임금의 명을 욕되게 하지 않는다면 그를 선비라 할 수 있다. 일가친척들이 효성스럽다고 칭찬하고 마을 사람들이 공손하다고 칭찬하는 사람은 그다음이며, 말에는 반드시 신의가 있고 행동에 성과가 있다면 융통성 없는 소인일지라도 그 다음 수준이라고 할 수 있다."

자공이 물었다. "요즘 정치하는 사람들은 어떻습니까?" 공자께서 말씀하셨다. "그릇이 작은 사람들이야(斗筲之人), 따져볼 가치가 있겠느냐?"

《논어(論語)》

해설　《논어》〈자로〉편에 나온다. 도량이 작고 보잘것없는 사람들을 통칭하는 말로, 특히 공자는 백성들을 위해 일해야 할 정치인들의 협량함을 꼬집고 있다.

楊 버들 량(양)
布 베 포
之 어조사 지
狗 개 구

양포지구
楊布之狗

외양이 변한 것을 보고 속까지 변했다고 판단하다.

주인을 알아보지 못한 개를 탓하랴

양포라는 사람이 흰옷을 입고 외출했다가 도중에 소나기를 만나 옷이 흠뻑 젖고 말았다. 이에 양포는 엉망이 된 옷을 벗고, 그 대신 친구의 옷을 빌려 입었는데 하필 검은 옷이었다.

저녁 무렵에 집에 돌아오니, 기르던 개가 흰옷을 입고 나간 주인이 검은 옷을 입고 돌아왔으니 주인을 알아보지 못하고 사납게 짖어 댔다. 《한비자(韓非子)》

동의어 백왕흑귀(白往黑歸)

해설 양포는 '자기 털 하나를 뽑아 천하가 이롭게 된다 해도 그리 하지 않겠다'는 극단적 이기주의를 표방했던 양주의 동생이다. 그날 양포가 화가 나서 개를 때리려 하자 양주가 타일렀다. "때리지 마라. 너 역시 마찬가지다. 저 개가 흰 털로 나갔다가 검은 털로 돌아왔다면 너도 괴이하게 생각하지 않겠느냐?"

형영상동
形影相同

形	모양 형
影	그림자 영
相	서로 상
同	같을 동

겉으로 드러나는 행동은 그 사람의 마음의 선악에 달려 있다. 마음가짐이 그 대로 행동으로 드러난다는 뜻.

사람의 행동은 그의 마음에 있는 것 그대로이다

어떤 물건의 형체가 구부러져 있으면 그림자도 구부러지고 형체 가 곧으면 그림자도 곧듯이, 사람의 행동은 그의 마음에 있는 것이 겉으로 드러나게 마련이다(形影相同).　　　　　　　　　《열자(列子)》

해설　본명이 열어구(列禦寇)인 열자는 노자, 장자와 힘께 도가사상을 확립시킨 철학자로 평가받는다. 그러나 그의 생존에 대한 많은 의문이 제기되고 《열자》에 들어 있는 많은 글들이 후대 학자들의 위작으로 알려져 있다. 이 때문에 사마천은 《사기》〈열전〉편에 열자를 넣지 않았다. 후대 역사가들이 열자의 실존이 사실이라고 반론을 펴기도 하지만 아직은 분명하지 않다.

割 벨 할
鷄 닭 계
焉 어찌 언
用 쓸 용
牛 소 우
刀 칼 도

할계언용우도
割鷄焉用牛刀

닭 잡는 데 어찌 소 잡는 칼을 쓰랴? 작은 일을 처리하는 데 지나치게 큰 수단을 쓸 필요가 없다는 뜻.

닭 잡는 데 소 잡는 칼을 쓰랴

공자께서 말씀하셨다. "닭을 잡는 데 어찌 소 잡는 칼을 쓰느냐(割鷄焉用牛刀)." 자유가 대답했다. "예전에 제가 스승님께 듣기로는 '군자가 도를 배우면 남을 사랑하고, 소인이 도를 배우면 남을 부리기가 쉽다'고 하셨습니다." 이 말에 공자가 제자들을 돌아보며 말씀하셨다. "자유의 말이 옳다. 아까 한 말은 농담이었다."

《논어(論語)》

동의어 견문발검(見蚊拔劍)

해설 《논어》〈양화〉편에 나온다. 정치나 전쟁, 사업을 함에 있어 작은 일을 처리하는 데 굳이 큰 수단까지 사용할 필요가 없다는 뜻이다. 작은 일을 하는 데 큰 인물이 나설 필요가 없다는 뜻으로도 쓰인다. 정치를 하면서 과도하게 권력을 남용하거나 작은 일을 지나치게 큰일로 여기며 우왕좌왕하는 권력자들의 모습을 풍자하는 말이기도 하다.

포호빙하
暴虎馮河

暴 사나울 포
虎 범 호
馮 걸어서 물 건널 빙
河 물 하

맨손으로 범을 잡으려 하고, 배 없이 강을 걸어서 건너려 하다. 무모하기 짝이 없는 행동이라는 뜻.

맨손으로 범을 잡고, 맨몸으로 황하를 건너는

공자께서 안연에게 말씀하셨다. "나라에서 써주면 일을 하고, 관직에서 쫓겨나면 숨어 지내는 것은 오직 너와 나만이 그러한 뜻을 가지고 있을 것이다."

자로가 여쭈었다. "스승님께서 삼군을 통솔하신다면 누구와 함께 하시겠습니까?" 공자께서 말씀하셨다. "맨손으로 범을 잡고 맨몸으로 황하를 건너려(暴虎馮河) 죽어도 후회가 없는 사람과는 함께하지 않겠다. 일을 대함에 반드시 신중하고, 계획을 잘 세워 일을 이루려는 사람과 함께하겠다."

《논어(論語)》

해설　《논어》〈술이〉편에 나온다. 아무것도 두려워하지 않는 만용은 지도자의 덕목이 아니고 신중하게 계획을 세워 착실히 추진해나가는 사람이 제일이라는 말이다.

自 스스로 자 是 옳을 시 之 어조사 지 癖 버릇 벽	# 자시지벽 自是之癖

자신의 생각이 언제나 옳다고 믿는 버릇. 자기만의 편견을 일방적으로 고집하는 버릇을 일컫는 말.

자기 생각만 옳다고 고집하는 사람은

스스로 드러내려는 자는 도리어 그 재덕(才德)이 뚜렷해지지 않고,
스스로 옳다고 말하는 자는 도리어 그 선(善)이 드러나지 않는다.

《노자도덕경(老子道德經)》

해설　자신의 생각만 옳다고 하면서 다른 사람의 견해는 전혀 받아들이지 않는 편벽한 사람들을 꼬집는 말이다. 명나라의 사상가 왕양명(王陽明)은 《전습록(傳習錄)》에서 인생의 가장 큰 병폐는 '오(傲)'라는 한 글자에 있다고 했다. 오만함이 인생을 망치는 지름길이라는 뜻이다.

호가호위
狐假虎威

狐 여우 호
假 빌릴 가
虎 범 호
威 위엄 위

여우가 호랑이의 위세를 빌려 호기를 부리다. 약한 자가 뒤에 있는 큰 세력을 빌어 함부로 위세를 부린다는 뜻.

호랑이가 여우를 놓아줄 수밖에 없는 이유

초나라 선왕 때 실질적인 권력자는 재상 소해휼이었다. 어느 날 선왕이 신하들에게 물었다. "북방의 모든 나라들이 소해휼을 두려워한다는 게 사실인가?" 권력자 소해휼이 지켜보고 있기에 아무도 답하지 못했는데, 강을이 선뜻 입을 열었다.

"호랑이에게 잡힌 여우가 말했습니다. '나는 백수의 어른으로, 모든 짐승들이 나를 두려워한다. 내 말을 못 믿겠거든, 내가 앞장설 테니 내 뒤를 따라와보라.' 호랑이가 여우의 뒤를 따라가보니 과연 모든 짐승들이 질겁하며 도망쳐 호랑이는 여우를 놓아줄 수밖에 없었습니다. 그와 마찬가지로, 북방의 모든 나라들이 소해휼을 두려워하는 것은 임금께서 거느리신 사방 오천 리 땅과 수백만의 군사 때문이지 결코 소해휼 때문만은 아닙니다." 《전국책(戰國策)》

동의어 가호위호(假虎威狐), 차호위호(借虎威狐)

華 빛날 화
而 말 이을 이
不 아닐 부
實 열매 실

화이부실
華而不實

꽃은 피지만 열매가 없다. 겉은 그럴듯하지만 실속은 없다는 뜻.

겉만 번지르르하고 실속이 없다

진나라 대부 양처보가 위나라에 사신으로 갔다 돌아오는 길에 어느 마을의 객점에서 하룻밤 머물게 되었다.

이튿날, 객점 주인이 양처보의 됨됨에 반하여 그를 따라나섰다. 그런데 며칠 뒤에 객점 주인이 집으로 돌아왔다. 아내가 까닭을 묻자, 그가 말했다.

"그는 성격이 지나치게 강직하고 융통성이 없는 데다 겉만 번지르르하고 실속이 없어(華而不實) 그를 따라갔다가는 큰 변을 당할 것 같아 그냥 돌아왔소." 몇 년 뒤에 양처보는 왕의 미움을 사는 바람에 죽임을 당했다.

《춘추좌씨전(春秋左氏傳)》

동의어 유문무실(有聞無實)

곡학아세
曲學阿世

曲 굽을 곡
學 배울 학
阿 영합할 아
世 세상 세

학문을 배운 대로 올바로 펴지 않고 정도에서 벗어나 세속에 아부하면서 출세하려는 태도.

자신을 굽혀 속물들에게 아첨하지 마라

한나라 경제가 천하의 인재를 찾다가 원고라는 90세 노인을 등용했다. 이때 함께 등용된 젊은 학자 공손홍이 그를 함부로 무시하자 원고가 말했다. "자네는 젊은 선비로서 바른 학문을 세상에 펼쳐주기 바라네. 자기가 믿는 학문을 굽혀 세상의 속물들에게 아첨하지(曲學阿世) 말게." 공손홍은 원고의 고매한 인격과 학식에 머리를 숙이고 제자가 되기를 청했다. 《사기(史記)》

欲 하고자 할 욕
蓋 덮을 개
彌 두루 미
彰 드러날 창

욕개미창
欲蓋彌彰

나쁜 일일수록 감추려고 하면 더욱 환히 드러나게 된다.

잘못을 덮으려고 하면 오히려 더 분명하게

군자는 움직일 때 예를 생각하고, 이익을 위해 어긋나지 않으며, 의로움에 후회할 행동을 하지 않는 법이다. 어떤 이는 명성을 추구했지만 기록하지 않고, 어떤 이는 잘못을 덮으려고 했으나 오히려 더 분명하게 드러나게 했으니(欲蓋彌彰), 이는 불의한 사람을 징벌하기 위함이다.

《춘추좌씨전(春秋左氏傳)》

해설　노나라 소공 때 주나라의 대부 흑굉이라는 자가 주나라를 배반하고 노나라에 투항하면서 그가 다스리던 작은 땅이 노나라에 편입되었다. 공자는 이 일을 《춘추》에 썼는데, 흑굉이 미미한 인물이라 굳이 그의 이름을 기록할 필요가 없었지만 흑굉으로 인해 국토 변동이 일어났기 때문에 애써 이 일을 적었다. '욕개미창'은 이 일을 기록하면서 나온 말이다.

근묵자흑
近墨者黑

近 가까울 근
墨 먹 묵
者 놈 자
黑 검을 흑

먹을 가까이하면 검어진다. 행실이 나쁜 사람을 가까이하면 물들기 쉽다는 뜻.

벗을 사귈 때 반드시 택할 사람은

중국 남북조시대에 송계아라는 관리가 정년퇴직을 대비해 자신이 살 집을 보러 다녔는데 지인들이 추천해준 집은 마다하고 집값이 백만금밖에 안 되는 집을 천백만금을 주고 이사했다.

이 얘기를 들은 이웃집 여승진이 이유를 묻자, 송계아는 '백만금은 집값으로 지불했고 천만금은 여승진과 이웃이 되기 위한 값'이라고 대답했다. 좋은 이웃을 선택해서 살 집을 정해야 한다는 얘기다. 원문은 다음과 같다. "먹을 가까이하면 검어지고(近墨者黑) 주사를 가까이하면 붉어지니(近朱者赤), 주거지를 택할 때는 반드시 좋은 이웃을 골라 함께 살도록 하고, 벗을 사귈 때는 반드시 귀한 사람을 택하여 사귀어라(居必擇隣 交必擇友)."   《명심보감(明心寶鑑)》

해설 《명심보감》은 고려 후기의 문신 추적(秋適)이 중국 고전에 나온 선현들의 금언과 명구를 모아 엮은 교재이다. 처음엔 아동학습서 형태로 만들어졌지만 점차 어른들도 읽으며 마음을 닦는 교과서로 삼았다. '명심'은 마음을 밝게 한다는 뜻이고, '보감'은 보물과 같은 거울로서의 교본이라는 뜻이다.

強 강할 강
弩 쇠뇌 노
之 어조사 지
末 끝 말

강노지말
強弩之末

제아무리 막강한 영웅이라도 세력이 다하면 아무 일도 하지 못하게 된다.

힘센 화살도 멀리 날아가면

한고조 때 흉노족이 북쪽 변방을 자주 침범하자 이들을 혼내주려고 황제가 직접 대군을 이끌고 나갔다. 그러나 사나운 흉노족을 당해내지 못하고 오히려 위급한 지경에 처하게 되었고, 흉노족 왕비에게 값비싼 선물을 주고서야 겨우 벗어날 수 있었다.

이후 무제 때 한층 막강해진 군사력을 바탕으로 다시 흉노족을 치기로 하고 어전회의를 열었다. 이때 대신 한안국이 출병을 반대하며 말했다. "제아무리 힘센 화살도 멀리 날아가면 힘이 약해져서 얇은 비단조차 뚫기 어렵습니다. 우리 군사들이 비록 강하지만 멀리 원정을 나간다면 어찌 결과를 장담하겠습니까. 그러니 좀 더 훗날을 기약하는 것이 좋을 줄로 압니다." 하지만 무제는 한안국의 간언을 듣지 않고 출병했다가 또다시 큰 고초를 겪어야 했다.

《한서(漢書)》

거안사위
居安思危

居 살 거
安 편안 안
思 생각할 사
危 위태할 위

편안할 때일수록 항상 위태로울 때를 생각하여 대비하라.

편안할수록 위험을 생각하는 태도

약소국인 정나라가 강대국 초나라의 침략을 받자, 당시 세력이 강했던 진나라가 11개국의 제후들과 동맹을 맺고 초나라를 응징하는데 앞장섰다. 이후 정나라는 진나라의 은혜에 감사하며 많은 선물을 보냈다.

진나라 왕 도공이 선물의 절반을 이번 싸움에 큰 공을 세운 장수인 위강에게 하사하자, 그가 이를 사양하며 아뢰었다. "폐하께서는 생활이 편안하면 위험을 생각하고(居安思危) 항상 준비를 갖추어야 화를 면할 수 있음을 헤아려주시기 바랍니다."

《춘추좌씨전(春秋左氏傳)》

勿 말 물
忘 잊을 망
在 있을 재
莒 주나라 제후
　 이름 거

물망재거
勿忘在莒

힘들었을 때를 잊지 말고 항상 경계하라.

고난을 겪었던 때를 잊지 말자는 다짐

제나라가 연나라의 공격을 받아 거(莒)와 즉묵(卽墨)이라는 두 개의 성만 남게 되었다. 여기만 함락되면 이제 제나라는 완전히 멸망하는 것이었다.

그러자 제나라 백성들이 전단을 지휘관으로 뽑아 필사적으로 저항한 끝에 연나라를 물리치고 나라를 다시 일으킬 수 있었다. 이후 제나라 사람들은 왕이나 지배층이 해이해질 때마다 고난을 겪었던 때를 잊지 말자는 다짐을 나눴다(勿忘在莒). 《사기(史記)》

창업이수성난
創業易守成難

創	비롯할 창
業	일 업
易	쉬울 이
守	지킬 수
成	이룰 성
難	어려울 난

일을 이루기는 쉬우나 그것을 지키기는 어렵다.

창업과 수성, 무엇이 더 어려운가

당나라 태종이 신하들에게 물었다. "창업이 어려운가, 수성이 더 어려운가?" 여기서 창업은 나라를 세우는 것을 말하고, 수성은 나라를 반석처럼 지켜나가는 것을 말한다. 이에 위징이 답했다.

"나라를 처음 세울 때는 반드시 먼저 있던 조정이 부패해 있고 천하가 혼란에 빠져 있기에 백성들이 새로운 천자를 기쁘게 받아들이므로 어려울 것이 없으나 이미 천하를 얻고 나면 마음이 교만해지고 게을러져서 백성들의 원망과 함께 나라가 기울게 되는 것은 금방입니다. 이로 미루어 창업보다 수성이 더 어려운 줄로 압니다(創業易守成難)."

《정관정요(貞觀政要)》

해설 《정관정요》는 당나라의 오긍(吳兢)이 편찬했다고 전해지는 태종 이세민의 언행록이다. 그가 신료들과 정치에 대해 주고받은 대화를 담은 책으로, 예로부터 '제왕학(帝王學)'의 교과서로 평가받아 왔다.

成 이룰 성	
功 공 공	
之 어조사 지	# 성공지하 불가구처
下 아래 하	
不 아닐 불	## 成功之下 不可久處
可 좋을 가	
久 오랠 구	
處 곳 처	

성공한 곳에 오래 머물러 있으면 화를 당할 우려가 있으니 오래 머물지 마라.

물러날 때를 아는 자가 제대로 대접받는다

큰일을 이룬 다음 그 자리에 너무 오래 머물러 있으면 남의 시기와
질투를 받아 도리어 화를 당하기 쉬우니 물러나야 할 때 당당하게
자리를 박차고 나갈 줄 알아야 제대로 대접을 받는다.   《사기(史記)》

동의어   성공신퇴(成功身退), 성공자거(成功者去), 성공자퇴(成功者退)

해설   《사기》에는 나라를 위해 큰 공을 세우고도 자기 자리에 연연하다가 비참한 최후를
마친 많은 사례들이 등장한다. 진나라의 상군과 백기, 초나라의 오기, 월나라의 문
종 등이 그들이다. 한때 천하제일의 맹장으로 이름을 떨쳤던 한나라의 한신도 예외
가 될 수 없었다.

제6장

사람 人

지나친 것은
미치지 못한 것과 같다

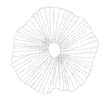

태산불양토양
泰山不讓土壤

泰 클 태
山 뫼 산
不 아닐 불
讓 사양할 양
土 흙 토
壤 흙덩이 양

태산은 작은 흙덩이 하나도 사양하지 않는다. 군자는 도량이 넓어 무엇이든 두루 포용한다는 뜻.

태산은 한 줌의 흙도 사양하지 않는다

진나라의 이사는 원래 초나라 사람으로, 진나라 승상 여불위의 가신으로 있다가 임금의 눈에 들어 객경의 자리에 오른 인물이었다. 당시 진나라에는 타국 출신 빈객이나 관리들이 작은 세력을 얻고 함부로 설쳐 부작용이 많았는데, 이에 진나라 출신 신하들이 이들을 축출하자는 의견이 분분해졌고, 여기엔 이사도 포함되었다. 그러자 이사가 임금에게 상소를 올렸다.

"태산은 한 줌의 흙도 사양하지 않았으므로 그렇게 높을 수 있으며(泰山不讓土壤 故能成其大), 하해는 작은 물줄기라도 가리지 않았으므로 그 깊음에 이른 것입니다(河海不擇細流 故能就其深)."

진나라가 아무 제한 없이 타국 출신 인재들을 품어야 더 큰 대국이 될 수 있다는 뜻을 담은 상소문을 읽고 임금은 전처럼 누구라도 진나라에서 살도록 했다.　　　　　　　　　　　　　　　《사기(史記)》

俯 구부릴 부	
仰 우러를 앙	
不 아닐 불	
愧 부끄러울 괴	

부앙불괴
俯仰不愧

하늘을 우러러보나 땅을 굽어보나 양심에 부끄러울 것이 없다.

하늘을 우러러 부끄럽지 않으면

군자에게는 세 가지 즐거움이 있다(君子有三樂). 양친이 다 살아계시고 형제가 무고한 것이 첫 번째요, 하늘을 우러러 부끄럽지 않고 굽어보아도 사람들에게 부끄럽지 않은 것이(俯仰不愧) 두 번째이며, 천하의 인재를 얻어 교육하는 것이 세 번째다. 군자에게는 이렇게 세 가지 즐거움이 있지만, 천하를 통일하여 왕이 되는 것은 여기에 들어 있지 않다. 《맹자(孟子)》

동의어 부앙무괴(俯仰無愧)

해설 《맹자》〈진심장구 상〉편에 나온다. 우리가 흔히 쓰는 '하늘을 우러러 부끄럽지 않다'는 말이 여기에 등장한다.

지자요수 인자요산
智者樂水 仁者樂山

智	지혜 지
者	놈 자
樂	좋아할 요
水	물 수
仁	어질 인
山	메 산

지혜로운 사람은 물을 좋아하고, 어진 사람은 행동이 진중하고 심중이 두터워 산을 즐겨 한다.

어진 사람은 고요하며 산을 좋아한다

공자께서 말씀하셨다. "지혜로운 사람은 물을 좋아하고 어진 사람은 산을 좋아한다(智者樂水 仁者樂山). 지혜로운 사람은 움직이고, 어진 사람은 고요하다. 지혜로운 사람은 즐기고, 어진 사람은 오래 산다."

《논어(論語)》

해설 《논어》〈옹야〉편에 나온다. 공자는 옳고 그름을 가릴 줄 아는 지혜로운 사람은 물을 좋아하고, 남을 불쌍히 여기는 어진 사람은 산을 좋아한다고 했다. 투명하고 깨끗한 물과 진중하고 넉넉한 산을 대비해서 표현한 말이다.

先 먼저 선
難 어려울 난
而 말 이을 이
後 뒤 후
獲 얻을 획

선난이후획
先難而後獲

하기 힘든 일을 먼저 하고 내게 이익이 되는 사사로운 일은 나중에 하다.

인한 사람은 어려운 일에 먼저 나선다

번지가 지혜에 대해 묻자, 공자께서 말씀하셨다. "사람이 지켜야 할 도의에 힘쓰고, 귀신은 공경하되 멀리하면 지혜롭다 할 수 있다." 번지가 인에 대해 다시 묻자 공자께서 말씀하셨다. "인한 사람은 어려운 일에는 먼저 나서서 하고, 이익을 챙기는 데는 남보다 뒤진다(先難而後獲). 이렇게 한다면 인하다고 할 수 있다."

《논어(論語)》

해설　《논어》〈옹야〉편에 나온다. 번지는 공자가 타고 다니는 수레를 모는 마부로, 누구보다 스승을 가까이 모시는 제자였다.

적선여경
積善餘慶

積 쌓을 적
善 착할 선
餘 남을 여
慶 경사 경

착한 일을 많이 한 결과 좋은 일이 자손에게까지 두루 미치다.

선을 쌓으면 반드시 경사가 뒤따른다

선을 쌓은 집안은 반드시 경사가 있고, 불선(不善)을 쌓은 집안은 반드시 재앙이 있다. 신하가 임금을 죽이고 자식이 아비를 죽이는 일이 벌어지는 것은 하루아침에 그리 된 것이 아니라 오래전부터 점차적으로 이루어진 것이다.　　　　　　　　　　《주역(周易)》

해설　《주역》〈문언전〉편에 나온다. 원래 문장은 '적선지가 필유여경(積善之家 必有餘慶)'으로, 원문은 다음과 같다. "선을 쌓는 집안은 반드시 남는 경사가 있고, 불선을 쌓는 집안에는 반드시 남는 재앙이 있다. 신하가 그 임금을 죽이고, 자식이 그 아비를 해치는 일이 벌어지는 것은 하루아침에 갑자기 그렇게 된 것이 아니다. 그 유래는 오래전부터 점차적으로 이루어진 것이다."

陰 그늘 음
德 덕 덕
陽 볕 양
報 갚을 보

음덕양보
陰德陽報

남몰래 덕행을 쌓은 사람은 나중에 반드시 보답을 받는다.

남모르게 덕행을 쌓은 사람은

초나라 재상 손숙오가 어렸을 때의 일이다. 아들이 며칠을 풀이 죽어 있어 어머니가 까닭을 묻자, 이렇게 대답했다. "얼마 전에 머리가 둘 달린 뱀을 보았는데, 그것을 본 사람은 반드시 죽는다고 들었습니다. 저는 머지않아 죽을 것입니다." "그 뱀이 어디 있느냐?" "다른 사람이 볼까 봐 죽여서 땅에 묻었습니다."

어머니는 아들을 안아주며 이렇게 말했다.

"남모르게 덕행을 쌓은 사람은 반드시 보답을 받는 법이다(陰德陽報). 네가 그런 마음으로 뱀을 죽인 것이니 그 덕분에 죽지 않을 것이다."

《회남자(淮南子)》

도리불언 하자성혜
桃李不言 下自成蹊

桃 복숭아 도
李 오얏 리
不 아닐 불
言 말씀 언
下 아래 하
自 스스로 자
成 이룰 성
蹊 좁은 길 혜

복숭아(桃)와 오얏(李)은 꽃과 열매가 좋아서 굳이 청하지 않아도 제 발로 찾아오는 사람이 많아서 나무 밑에 저절로 길이 생긴다. 덕이 있는 사람은 굳이 말하지 않아도 뭇사람들이 따른다는 뜻

덕이 있는 사람은 굳이 말하지 않아도

한나라 무제 때의 명장 이광은 활의 명수로 유명했는데, 힘이 세고 몸이 빨랐기에 흉악한 흉노족들도 몹시 두려워했다. 이광은 유난히 과묵한 사람인데도 따르는 부하가 많아서 그의 집으로 향하는 길은 저절로 길이 생겼다.   《사기(史記)》

해설   이광은 평생을 흉노와의 전쟁으로 보냈다. 활쏘기에 능하고 '비장(飛將)'으로 알려질 만큼 민첩해서 적들이 항상 두려워했지만, 재능에 비해 출세와는 거리가 멀어서 《사기》는 그를 역사상 가장 불운한 장수로 기록했다.

能 능할 능
書 쓸 서
不 아닐 불
擇 가릴 택
筆 붓 필

능서불택필
能書不擇筆

명필은 붓을 가리지 않는다. 어떤 일에 능숙한 사람은 도구를 탓하지 않는다는 뜻.

고수는 도구를 탓하지 않는다

당나라의 저수량은 우세남, 구양순과 함께 최고의 명필로 꼽혔다. 저수량은 평소에 좋은 붓과 먹이 없으면 아예 글씨를 쓰지 않았는데 어느 날 우세남에게 '나와 구양순을 비교하면 누가 더 나은가?' 하고 물었다.

구양순은 당대 최고의 명필로 추앙받는 인물인데, 저수량은 자신이 구양순에 절대 뒤지지 않는 실력자라 자부하며 이렇게 물었던 것이다. 이에 우세남이 대답했다. "구양순은 종이와 붓에 대해서는 전혀 말없이 아무 종이에나 글씨를 쓴다(能書不擇筆). 그러나 그대는 아직도 종이와 붓에 구애받고 있으니 구양순을 따를 수는 없다."

《당서(唐書)》

동의어 지필불택(紙筆不擇)

해설 구양순은 당나라 초기의 서예가로 서성(書聖)이라 불렸던 왕희지와 함께 해서(楷書) 분야의 최고 인물로 평가된다. '구양순체'는 오늘날까지도 서예가들의 교과서로 여겨진다.

일이관지
一以貫之

一 한 일
以 써 이
貫 꿸 관
之 이 지

하나로써 그것을 꿰뚫는다. 하나의 이치로 전체를 막힘없이 관통한다는 뜻.

하나의 이치로 전체를 관통한다

공자께서 증자에게 말씀하셨다. "나의 도는 하나의 이치로 관통된다(一以貫之)." 이에 증자가 '예' 하고 주저 없이 대답했다. 공자께서 나가시자 제자들이 물었다. "무슨 말씀이십니까?" 증자가 대답했다. "스승님의 도는 충(忠)과 서(恕)일 뿐이라는 말씀입니다."

《논어(論語)》

동의어 시종일관(始終一貫), 일관(一貫), 초지일관(初志一貫)

해설 《논어》〈이인〉편에 나온다. 여기서 말하는 '서(恕)'는 참된 마음으로 다른 사람의 입장을 헤아려서 배려하는 정신을 가리킨다. '서'는 공자가 평생 화두로 삼은 말로, 말 그대로 용서한다는 것이다. 증자 역시 스승의 학문을 후세에 전하면서 충서(忠恕), 즉 '진실한 용서'를 강조했다.

孔 성씨 공
子 스승 자
穿 꿸 천
珠 구슬 주

공자천주
孔子穿珠

현명한 사람도 자기보다 못한 사람에게 배울 점이 있다.

무지몽매한 아낙네가 한 수 가르치다

공자가 진나라를 지나갈 때 어떤 사람한테 진귀한 구슬을 얻었다. 그런데 아홉 구비로 구부러진 구슬의 구멍에 아무리 애를 써도 실을 꿸 수가 없었다. 때마침 뽕밭에서 일하는 여인에게 방법을 아는지 묻자, 여인이 대수롭지 않게 말했다. "꿀단지를 놓고 찬찬히 생각해보세요."

여인의 말을 곰곰이 생각하던 공자는 무릎을 탁 쳤다. 공자는 개미 한 마리를 잡아 허리에 실을 묶고는 구슬의 반대쪽 구멍에 꿀을 발라놓았다. 잠시 뒤, 구멍을 통과한 개미가 기어 나왔다. 시골의 무지몽매한 아낙네가 천하의 공자에게 한 수 가르쳐준 것이다.

《조정사원(祖庭事苑)》

동의어 불치하문(不恥下問)

호구지계
狐丘之戒

狐 여우 호
丘 언덕 구
之 어조사 지
戒 경계할 계

군자는 다른 사람으로부터 원망을 사는 일이 없도록 항상 몸가짐이나 행동에 주의해야 한다.

높은 자리에 오를수록 더욱 자신을 낮춰라

초나라 호구에 사는 한 노인이 대부 손숙오에게 물었다. "사람에게는 세 가지 원망의 대상이 있는데, 뭔지 아십니까?" 손숙오가 머리를 갸웃거리자 노인이 말했다. "사람은 누구나 자기보다 지위가 높은 사람을 시기하고, 임금은 벼슬이 높은 현신을 미워하며, 녹봉을 많이 받는 사람은 세인의 원망을 듣게 마련입니다."

높은 자리에 오를수록 더욱 자신을 낮추라는 충고였다(狐丘之戒). 이 말에 크게 깨달은 손숙오는 평생 낮은 자리에서 겸손하게 살았고, 병들어 죽게 되었을 때 자식들을 불러 이렇게 훈계했다.

"내가 죽고 나서 임금께서 너희들에게 좋은 땅을 하사하면 절대로 받아서는 안 된다." 손숙오가 죽자 왕이 도성 부근의 기름진 땅을 하사했지만 자식들은 변방의 척박한 땅을 요청했고, 그 이후 손숙오의 자손들은 누구의 시기도 받지 않고 오래도록 평화롭게 살 수 있었다.

《열자(列子)》

曲 굽을 곡
突 굴뚝 돌
徙 옮길 사
薪 땔나무 신

곡돌사신
曲突徙薪

화재를 미리 방지하기 위해 굴뚝을 꼬불꼬불하게 하고, 아궁이 부근의 나무를 다른 곳으로 옮겨놓다. 환란을 미리 예방한다는 뜻.

닥쳐올 환란에 미리 대비하는 지혜

한나라 때 어떤 사람이 어느 집 앞을 지나다가 굴뚝이 너무 반듯하게 세워져 있고 부근에 땔나무가 잔뜩 쌓여 있는 걸 보았다. 그가 주인에게 말했다. "굴뚝을 꼬불꼬불하게 만들고, 땔나무는 다른 곳으로 옮기십시오(曲突徙薪)."

하지만 주인은 그 말을 귀담아듣지 않았다. 그러던 어느 날 그 집에 큰 불이 났다. 마을 사람들이 급히 달려와 불을 꺼주자 주인이 사람들에게 고마움의 표시로 잔치를 베풀었다. 이때 한 사람이 말했다. "그때 당신이 행인의 말을 들었더라면 불이 날 일도 없고, 이렇게 잔치를 베풀며 돈을 쓸 일도 없을 것이오. 그 행인의 충고는 무시하고, 우리를 귀하게 대접하니 앞뒤가 맞지 않는 일이오."

《한서(漢書)》

동의어 유비무환(有備無患)

망양보뢰
亡羊補牢

亡 잃을 망
羊 양 양
補 기울 보
牢 우리 뢰

'소 잃고 외양간 고친다'는 속담과 같다. 어떤 일에 낭패를 본 뒤에야 그 일에 대비한다는 뜻.

소를 잃고 외양간을 고쳐도 늦지 않다

초나라의 대신 장신이 양왕에게 간신배들을 멀리하고, 왕 또한 사치한 생활을 멈추고 국사에 전념할 것을 간언했다. 하지만 양왕은 도리어 폭언을 퍼부으며 장신을 외면했다. 이에 장신은 초나라를 버리고 조나라로 갔는데, 얼마 뒤 진나라가 초나라를 침공하여 양왕이 황급히 다른 나라로 망명하는 처지가 되었다.

양왕은 그제야 장신의 간언이 옳았음을 깨닫고 그에게 사람을 보내 이제 어찌해야 할지 물었다. 이에 장신이 답했다. "토끼를 보고 나서 사냥개를 불러도 늦지 않고, 양이 달아난 뒤에 우리를 고쳐도 (亡羊而補牢) 늦지 않습니다."

초나라가 비록 작지만 다시 힘을 기울이면 얼마든지 재기할 수 있다는 충언이었다. 이후 정신을 차린 양왕은 국가 재건에 힘써 초나라를 전국칠웅의 하나로 만들었다. 《전국책(戰國策)》

동의어 만시지탄(晩時之歎), 실우치구(失牛治廄)
반의어 곡돌사신(曲突徙薪), 안위거사(安居危思)

奇 기이할 기	
貨 재물 화	
可 좋을 가	
居 쌓을 거	

기화가거
奇貨可居

진기한 물건을 사두어 잘 보관하면 당장은 이익이 되지는 않더라도 장차 큰 이득이 된다.

한 인간의 가치를 알아보는 혜안

진나라의 여불위는 원래 각국을 떠돌며 장사를 하는 거상이었다. 어느 날 여불위가 조나라 수도 한단에 갔을 때, 진나라 소양왕의 손자가 인질로 잡혀와 있다는 사실을 알게 되었다.

여불위는 그의 상품가치를 알아보고는 오랫동안 경제적인 도움을 주며 가까이 지냈다(奇貨可居). 세월이 흐른 뒤, 본국으로 돌아간 그는 왕위를 계승하여 장양왕이 되었다. 장양왕은 오랜 세월 자신을 도와준 여불위를 승상으로 삼고 극진히 모셨다.   《사기(史記)》

해설   진나라는 중국 최초의 통일 왕조로 장양왕의 아들이 바로 진시황이다. 장차 왕위에 오를 인물을 알아본 덕분에 승상이 된 여불위는 막강한 권력을 누리다가 진시황에 의해 축출된다.

노마식도
老馬識途

老 늙을 로(노)
馬 말 마
識 알 식
途 길 도

늙은 말이 길을 알다. 연륜이 깊으면 나름의 장점이 있다는 뜻.

늙은 말의 지혜로 굶주림을 면하다

제나라 환공이 재상 관중과 대부 습붕을 대동하고 고죽국을 정벌하러 떠났는데 전쟁이 의외로 길어지는 바람에 한겨울에야 싸움이 끝나고 말았다. 그래서 혹한을 뚫고 귀국하는 길에 그만 길을 잃고 오도 가도 못하는 처지가 되고 말았다.

식량도 고갈되어 이대로라면 추위와 굶주림에 전멸할 위기에 처하게 되었는데, 이때 관중이 말했다. "이런 때 늙은 말의 지혜가 필요합니다." 관중이 늙은 말 한 마리를 풀어놓았고 병사들이 말의 뒤를 따라 행군한 지 얼마 안 되어 큰길이 나타나 모두 살 수 있었다(老馬識途). 《한비자(韓非子)》

동의어 노마지지(老馬之智)

해설 동의어 '노마지지'와 함께 '경험을 쌓은 사람이 가진 지혜'라는 뜻으로, 세상사의 여러 문제들을 해결하는 데에는 연륜과 함께 축적된 경험과 지혜가 필요하다는 의미로 자주 쓰인다.

子 아들 자 欲 하고자 할 욕 養 봉양할 양 而 말 이을 이 親 어버이 친 不 아닐 부 待 기다릴 대	# 자욕양이친부대 子欲養而親不待

자식이 어른이 되어 부모를 봉양하려고 하지만 부모는 그때까지 기다려 주지 않는다. 부모가 살아계실 때 효도를 다하라는 뜻.

자식이 효도하고자 하나 부모는 기다려주지 않는다

나무는 조용히 있고자 하나 바람이 멈추지 않고(樹欲靜而風不止)
자식이 공양하고자 하나 양친은 기다려주지 않는다(子欲養而親不
待).   《한시외전(韓詩外傳)》

해설 《한시외전》은 전한의 한영(韓嬰)이 쓴 책으로 다양한 고사와 설화, 고어(古語) 등을
인용하여 앞에 쓰고 그 뒤에 《시경》에 나오는 시구들을 기술하고 있다. 우리에게도
익숙한 많은 고사와 성어들이 풍부하게 담겨 있다.

백유읍장
伯俞泣杖

伯 맏 백
俞 대답할 유
泣 울 읍
杖 몽둥이 장

늙고 쇠약해진 어머니의 모습을 보며 슬퍼하다. 부모에 대한 지극한 효성을 일컫는 말.

어머니의 힘이 모자란 것을 알고 나니

한나라 때 문인 한백유가 어렸을 때 잘못을 저질러 어머니가 매질을 하자 갑자기 울었다(伯俞泣杖). 이에 어머니가 물었다.

"다른 때는 매를 맞아도 울지 않았는데, 오늘은 우는 까닭이 무엇이냐?" 그러자 백유가 대답했다. "예전에 맞을 때는 항상 그 매가 아팠는데, 지금은 어머니의 힘이 모자라 저를 아프게 하지 못합니다. 이런 까닭에 울었습니다."

《설원(說苑)》

동의어 　백유지효(伯俞之孝), 풍수지탄(風樹之嘆)

犬 개 견
馬 말 마
之 어조사 지
養 봉양할 양

견마지양
犬馬之養

개나 말이 하는 봉양. 부모님을 모시면서 진정한 효심 없이 시늉만 내는 것은 효도가 아니라는 뜻.

물질적인 효도는 개나 말조차도 할 수 있다

자유가 효(孝)에 대해 묻자 공자께서 말씀하셨다. "요즘의 효라는 것은 부모를 물질적으로 봉양할 수 있는 것을 말하지만 개나 말조차도 모두 어버이를 먹여 살리기는 하는 것이니(犬馬之養) 공경하지 않는다면 무엇으로 구별하겠는가?" 《논어(論語)》

해설 《논어》〈위정〉편에 나온다. 부모에게 진심으로 공경하는 마음이 아니라 단순히 물질적인 제공으로 효도를 다했다고 생각하는 사람들을 꼬집는 말이다.

노이불원
勞而不怨

勞 수고로울 로(노)
而 말 이을 이
不 아닐 불
怨 원망할 원

효자는 부모를 위해 아무리 고생하더라도 결코 부모를 원망하지 않는다.

아무리 힘들더라도 부모를 원망하지 마라

공자께서 말씀하셨다. "부모를 섬길 때는 잘못하시는 점이 있더라도 조심스럽게 말씀드려야 하고, 그 말을 따르지 않을 뜻을 보이더라도 더욱 공경하여 부모의 뜻을 어겨서는 안 되며, 아무리 힘들더라도 부모를 원망해서는 안 된다(勞而不怨)." 《논어(論語)》

해설 《논어》〈이인〉편에 나온다. 어떤 고생을 해도 부모를 원망하지 않는 효자의 태도를 가리킨다.

刎 목 벨 문
頸 목 경
之 어조사 지
交 사귈 교

문경지교
刎頸之交

생사를 같이할 수 있는 매우 소중한 친구 사이.

목을 내놓을 수 있을 정도로 친한 사이

조나라 혜문왕 때 염파와 인상여가 나라를 위해 큰 공을 세웠다. 그런데 비천한 집안 출신인 인상여가 높은 벼슬에 오르자 염파가 불만을 터뜨리며 인상여를 만나면 망신을 주겠다고 큰소리쳤다. 그 말을 전해 들은 인상여가 염파와 마주치지 않으려고 피해 다니자 부하들이 물었다.

"왜 그렇게 염파 장군을 두려워하십니까?" 그러자 인상여가 대답했다. "다른 나라가 우리를 공격하지 않는 이유는 나와 염파 장군이 있기 때문이다. 우리 둘이 서로 헐뜯고 싸운다면 나라가 위태로워질 것이다." 이 말을 들은 염파는 당장 인상여의 집으로 달려가 백배사죄했고, 두 사람은 목을 내어놓을 수 있을 정도로 절친한 친구(刎頸之友)가 되었다. 《사기(史記)》

동의어 금란지교(金蘭之交), 단금지교(斷金之交), 담수지교(淡水之交), 백아절현(伯牙絶絃), 지란지교(芝蘭之交)

유수고산
流水高山

流 흐를 류(유)
水 물 수
高 높을 고
山 뫼 산

흐르는 물과 높은 산. 자신을 진정으로 알아주는 친구를 뜻함.

나를 알아주는 한 사람의 친구

초나라의 백아는 거문고의 달인으로, 그에게는 자신의 음악을 진정으로 이해해주는 절친한 친구 종자기가 있었다. 백아가 한 번 거문고 줄을 당기면 종자기는 그 곡이 뜻하는 바가 무엇인지 정확하게 알아내고 매번 극찬을 아끼지 않았다.

가령 백아가 거문고로 높은 산과 흐르는 물(高山流水)을 묘사하면 종자기는 대번에 그것을 알아맞히며 함께 감흥에 젖었다. 자신의 예술세계를 이해해주는 단 한 사람의 벗이 있었기에 백아는 행복했다. 이를 일러 '지음(知音)'이라고 한다.

그런데 종자기가 갑자기 세상을 떠나자 백아는 너무나 슬픈 나머지 그토록 애지중지하던 거문고 줄을 스스로 끊어버리고(伯牙絶絃) 죽을 때까지 거문고를 잡지 않았다. 《열자(列子)》

동의어 관포지교(管鮑之交), 금란지교(金蘭之交), 문경지우(刎頸之友)

三 석 삼
人 사람 인
行 다닐 행
必 반드시 필
有 있을 유
我 나 아
師 스승 사
焉 어조사 언

삼인행 필유아사언
三人行 必有我師焉

세 사람이 함께 가면 반드시 스승으로 삼아 배울 만한 사람이 있다.

세 사람이 길을 가면 반드시 스승이 있다

공자께서 말씀하셨다. "세 사람이 길을 가면 그중에 반드시 나의 스승이 될 만한 사람이 있다(三人行 必有我師焉). 그들에게서 좋은 점은 가리어 본받고, 그들의 좋지 않은 점으로는 나 자신을 바로잡는다."

《논어(論語)》

해설 《논어》〈술이〉편에 나오는 유명한 말이다. 여기서 '삼'은 단지 세 사람만을 의미하는 게 아니라 '여럿' 또는 '많음'을 뜻한다. 누구에게도 배워야 하고, 나 또한 누군가에게 스승이 될 수 있다는 뜻이다.

양금택목
良禽擇木

良 어질 량(양)
禽 새 금
擇 가릴 택
木 나무 목

현명한 새는 나무를 가려 둥지를 튼다. 현명한 사람은 자신의 재능을 알아주는 사람을 벗으로 삼고, 어진 선비는 훌륭한 임금을 가려 섬긴다는 뜻.

현명한 새는 나무를 가려서 둥지를 튼다

공자가 위나라에 갔을 때, 제후 공문자가 찾아와 다른 나라를 침략하여 승리를 거둘 비책이 무엇인지 물었다. 이에 공자가 말했다. "나는 제사를 지내는 일이라면 배운 일이 있지만 전쟁에 대해서는 아는 게 없습니다."

그렇게 말한 후에 공자가 제자들에게 서둘러 떠나자고 재촉했다. "현명한 새는 나무를 가려서 둥지를 틀고(良禽擇木), 어진 신하는 훌륭한 군주를 가려서 섬기는 법이다." 호시탐탐 전쟁의 기회만 엿보는 군주와 함께 있다가는 언제 화를 당할지 모르니 어서 자리를 뜨자는 스승의 말에 제자들은 서둘러 짐 보따리를 챙겼다.

《춘추좌씨전(春秋左氏傳)》

終	마칠 종
身	몸 신
之	갈 지
計	꾀 계
莫	말 막
如	같을 여
樹	심을 수
人	사람 인

종신지계 막여수인
終身之計 莫如樹人

한평생의 계획을 세움에 있어서는 인재를 육성하는 일보다 더 나은 것이 없다.

계획은 멀리 보고 세워야 한다

일 년의 계획으로는 곡식을 심는 일만 한 것이 없고(一年之計 莫如樹穀), 십 년의 계획으로는 나무를 심는 일만 한 것이 없으며(十年之計 莫如樹木), 평생의 계획으로는 인재를 기르는 일만 한 것이 없다(終身之計 莫如樹人).

《관자(管子)》

해설　역사가들은 《관자》를 지은 관중을 중국사를 통틀어 첫손에 꼽힐 정도로 위대한 재상이라고 평가한다. 그의 지휘 아래 제나라는 춘추시대 제일의 강국이 되었고, 그 뒤 중국 역사에 기록된 수많은 나라들이 관중이 추구했던 정책을 이어받아 나라를 설계했다. 제갈량이 역사 인물 중 유일하게 관중을 존경했다는 일화는 유명하다.

선우후락
先憂後樂

先 먼저 선
憂 근심 우
後 뒤 후
樂 즐거울 락

다른 사람이 근심하기에 앞서 먼저 근심하고, 다 즐거워한 후에 비로소 즐기다. 지도자가 가져야 할 자세를 뜻한다.

다른 사람들이 먼저 즐기도록 배려하는

등자경이라는 고위 관리가 중앙 정치무대에서 쫓겨나 파릉군의 군수로 좌천되었다. 이곳은 궁벽한 시골인 데다 온갖 폐단이 넘쳐서 누구나 기피하는 곳이었다. 그런데 이듬해가 되자 등자경이 잘 다스려 정치가 통하고 사람들이 화합하여 이전의 온갖 문제점들을 고치고 번성하게 되었다.

마을 사람들이 이를 축하하기 위해 악양루라는 누각을 중수하면서 옛 규모를 늘리고 당대의 문인들이 그 위에 시를 새겨 넣었는데, 등자경은 사람들을 전부 앞세우고 맨 나중에 따로 문장을 지어서 그 일을 기록해달라고 하였다(先憂後樂).

범중엄(范仲淹)의 〈악양루기(岳陽樓記)〉

若 같을 약
烹 삶을 팽
小 작을 소
鮮 생선 선

약팽소선
若烹小鮮

큰 나라를 다스리는 것은 작은 생선을 삶는 것과 같다.

일일이 간섭하지 않는 정치

생선을 삶으면서 수저나 젓가락으로 너무 자주 휘저으면 생선이 뭉개지듯이, 나라를 다스리는 일에도 일일이 간섭하지 않고 가만히 두면서 지켜보면 자연히 좋은 정치가 이루어진다(治大國 若烹小鮮).

《노자도덕경(老子道德經)》

해설　무위자연을 주장한 노자답게 나라를 다스리는 일에도 정사를 번거롭게 하지 말고 가만히 두면서 지켜보는 것이 좋은 정치라고 말한다. 한편 엄격한 법치주의를 강조한 한비는 《한비자》에서 이렇게 말한다. "작은 생선을 요리할 때 자꾸 뒤적이면 생선 자체를 망칠 수 있듯이 큰 나라를 다스릴 때 너무 자주 법을 바꾸면 백성들이 괴로워하게 된다."

위군난위신불이
爲君難爲臣不易

爲	할 위
君	임금 군
難	어려울 난
臣	신하 신
不	아닐 불
易	쉬울 이

임금 노릇을 하기도 어렵고 신하 노릇을 하기도 쉽지 않다.

임금 노릇 하기가 어렵다는 걸 안다면

정공이 공자에게 여쭈었다. "한 마디로 나라를 흥하게 할 수 있는 그런 말이 있습니까?" 공자가 말했다. "말이란 원래 그와 같은 결과를 기약할 수 있는 게 아닙니다. 그러나 사람들의 말에 '임금 노릇을 하기도 어렵고, 신하 노릇을 하기도 쉽지 않다(爲君難爲臣不易)'고 합니다. 만일 임금 노릇을 하기가 어렵다는 걸 안다면, 한 마디 말로 나라를 흥하게 하기를 기약할 수 있지 않겠습니까?"

《논어(論語)》

해설　《논어》 〈자로〉편에 나온다. 〈안연〉편에 나오는 "임금은 임금답고 신하는 신하다우며(君君臣臣), 아버지는 아버지답고 아들은 아들다워야 한다(父父子子)"는 말과 맥을 같이한다고 볼 수 있다. 언제나 임금의 자리가 주는 엄중한 무게를 느끼며 일하면 나라를 흥하게 할 수 있다는 뜻이다.

在 있을 재	
德 덕 덕	**재덕부재험**
不 아닐 부	在 德 不 在 險
在 있을 재	
險 험할 험	

나라의 안전은 임금의 덕치에 달린 것이지 지형의 험준함에 있지 않다.

나라의 진정한 보배는 무엇인가

위나라의 무후가 오기 장군과 함께 서하(西河)에 배를 타고 내려
가다 말했다. "이토록 험준한 산하는 천하제일의 요새로 이야말로
위나라의 보배가 아니겠소." 그러자 오기 장군이 말했다. "나라의
진정한 보배는 임금의 덕행이지 산하의 험준함이 아닙니다(在德不
在險). 그러니 만약 임금이 덕을 닦지 않으면 지금 배 안에 있는 사
람들조차 모두 적이 될 것입니다."   《사기(史記)》

해설 오기는 중국 역사상 가장 위대한 장수로 평가받지만 말년은 극히 불행했다. 오기
가 초나라의 재상이 되었을 때, 제후와 공족들의 특권을 몰수하는 등 대대적인 개
혁 작업을 펼치는 바람에 많은 이들이 특권층에서 밀려났다. 이런 과정에서 지나치
게 강직한 성품 탓에 수많은 적을 만들었기에, 얼마 뒤 임금이 죽자 정적들이 일제
히 난을 일으켜 오기를 처참하게 죽였다.

이덕보원
以德報怨

以 써 이
德 덕 덕
報 갚을 보
怨 원망할 원

원한이 있음에도 보복하지 않고 도리어 은혜를 베풀다.

은덕으로 원한을 갚는다면

어떤 사람이 공자에게 여쭈었다. "은덕으로써 원한을 갚으면 어떻겠습니까(以德報怨)." 공자께서 말씀하셨다. "그러면 덕은 무엇으로 갚겠는가? 원한은 그릇된 것을 바로잡는 마음으로 갚고, 은덕은 은덕으로 갚는 것이다."

《논어(論語)》

해설   《논어》〈헌문〉편에 나온다. '이직보원(以直報怨)'이란 말도 있다. 공정한 태도로 원수를 대하고 정의로써 원한을 갚는 것을 말한다. 덕으로 원한을 갚을 필요가 없고, 오직 정의로써 원한을 갚으면 공평하다는 뜻이다.

不 아닐 불
忍 참을 인
之 어조사 지
心 마음 심

불인지심
不忍之心

남의 불행을 보고 차마 모른 척하고 지나칠 수 없는 마음.

차마 지나치지 못하는 마음으로 정치를 하면

맹자가 제나라에 있을 때, 잔혹한 정치를 펼치는 군주들에게 각성을 요구하면서 이렇게 말했다.

"임금에게는 차마 지나치지 못하는 마음이 있으니(不忍之心), 이에 차마 그냥 못 본 척할 수 없는 정사(政事)가 있다. 백성들에게 차마 지나치지 못하는 마음으로 그냥 못 본 척할 수 없는 정사를 행한다면 천하를 다스리는 것은 손바닥에서 움직이는 것과 같을 것이다."

《맹자(孟子)》

해설 《맹자》〈공손추〉편에 나온다. 군주란 모름지기 백성의 어려움을 하나라도 흘려듣거나 가벼이 보지 말고 자기 일처럼 생각해야 한다는 가르침이다.

성인지미

成人之美

成 이룰 성
人 사람 인
之 어조사 지
美 아름다울 미

다른 사람의 훌륭한 점을 더욱 빛나게 도와주다.

군자는 남의 장점을 이루도록 돕는다

공자께서 말씀하셨다. "군자는 남의 좋은 점을 이룩하도록 해주고 (成人之美) 남의 나쁜 점은 이루어지지 않도록 하지만, 소인은 이와는 반대이다."

《논어(論語)》

해설 《논어》〈안연〉편에 나온다. 군자의 인간관계 태도에 대한 정의로, 한마디로 군자는 나 자신보다 남을 더 잘되게 배려하는 사람이지만 소인은 반대로 남을 못되게 하고 나쁜 점을 더욱 조장하는 사람이라는 뜻이다.

天 하늘 천
何 어찌 하
言 말씀 언
哉 어조사 재

천하언재
天何言哉

하늘은 아무 말도 하지 않지만 반드시 도를 행한다.

하늘은 언제나 말이 없지만

공자가 말씀하셨다. "이제 나는 말을 하지 않겠다." 자공이 말을 건넸다. "선생님이 말씀을 하지 않으시면, 저희들은 어떻게 선생님의 뜻을 따르겠습니까?" 공자가 다시 말을 이었다. "하늘이 무슨 말을 하더냐? 사계절이 운행하고 온갖 것들이 생겨나지만, 하늘이 무슨 말을 하더냐?"

《논어(論語)》

해설 《논어》〈양화〉편에 나온다. 천하는 사계절을 운행하며 만물의 생장을 도울 뿐, 그 어떤 설명을 통해 존재감을 드러내지 않는다는 뜻이다. 언제나 말없이 도를 행하는 하늘의 지엄함을 말하고 있다.

강남종귤 강북위지
江南種橘 江北爲枳

江 강 강
南 남녘 남
種 심을 종
橘 귤나무 귤
北 북녘 북
爲 될 위
枳 탱자나무 지

강남에 심은 귤나무를 강북에 심으면 탱자가 된다. 같은 사람이라도 주위 환경에 따라 얼마든지 변할 수 있다는 뜻.

똑같은 사람이라도 환경이 그를 새로 만든다

제나라의 재상 안영이 초나라 영왕의 초대를 받아 초나라로 건너가서 대화를 나누던 중에 영왕이 안영의 기를 죽일 생각으로 대궐 앞마당에 제나라 출신 죄수들을 불러다놓고 제나라 사람들은 도둑질을 잘하는 모양이라고 비웃었다. 이에 안영이 말했다.

"귤이 회남에서 나면 귤이 되지만 회북에서 나면 탱자가 되는 법입니다(橘生淮南則爲橘 生于淮北爲枳)."

제나라에서 나고 자란 사람은 원래 나쁜 짓을 하지 않지만 같은 사람이라도 초나라로 건너오면 그곳의 물과 땅이 선한 사람일지라도 도둑질을 하게 만든다는 뜻으로, 그만큼 초나라가 제나라에 비해 풍토와 인심에서 차이가 난다는 사실을 비유적으로 꼬집은 것이다.

《안자춘추(晏子春秋)》

동의어　귤화위지(橘化爲枳)

易 바꿀 역
地 땅 지
皆 다 개
然 그러할 연

역지개연
易地皆然

사람은 환경에 따라 행동이 달라지게 마련이니 서로 환경을 바꾸면 누구나 같은 입장이 된다. 따라서 상대편이 처한 입장에서 먼저 생각하고 이해할 것을 권하는 말.

처지와 입장이 바뀌었어도

농사일을 관장한 후직과 치산치수를 담당한 하우는 비록 고대 중국 전설상의 인물들이지만 백성들을 위해 열심히 봉사한 성인으로 추앙되고 있어 공자도 훌륭한 위인들이라고 칭찬을 아끼지 않았다.

하우는 물에 빠진 사람이 생기면 자신이 치수를 잘못해서 그렇다며 자책했고, 후직은 굶주리는 자가 생기면 자신의 잘못으로 여기며 자책했다. 한편 공자의 제자인 안회는 가난한 생활 속에서도 평생 도를 즐긴 인물이다. 맹자는 이들 세 사람을 높이 평가하여 '하우와 후직과 안회는 처지와 입장이 바뀌었어도 모두 그렇게 했을 것이다(禹稷顏子 易地則皆然)'라고 말했다. 《맹자(孟子)》

동의어 역지사지(易地思之)

박시제중
博施濟衆

博 넓을 박
施 베풀 시
濟 구제할 제
衆 무리 중

널리 사랑과 은혜를 베풀어 뭇사람을 구제하다.

내가 원하는 것을 생각하여

자공이 공자께 여쭈었다. "만약 백성들에게 널리 베풀고 많은 사람들을 구제(博施濟衆)할 수 있다면, 인하다고 할 수 있습니까?"
공자께서 말씀하셨다. "그렇게 한다면 반드시 성인일 것이다. 요임금과 순임금조차도 그렇게 하지 못하는 것을 근심하셨다. 인이란 자신이 일어서고자 할 때 남부터 일어서게 하고, 자신이 뜻을 이루고 싶을 때 남부터 뜻을 이루게 해주는 것이다. 자신이 원하는 것을 생각해 남이 원하는 것을 이해하는 것이 바로 인의 실천이다."

《논어(論語)》

해설 《논어》〈옹야〉편에 나온다. 원문은 '여유박시어민 이능제중(如有博施於民 而能濟衆)'으로, 풀이하자면 자기 것을 널리 나눠 다른 사람들을 돕는다는 말로 혼자만 우뚝 서는 삶이 아니라 더불어 함께 가는 삶이 더 바람직하다는 뜻이다. 우리나라 최초의 국립병원인 '제중원(濟衆院)'도 바로 이런 정신으로 만들어져 백성들에게 큰 도움을 주었다.

終 끝날 종	百 백 백
身 몸 신	步 걸음 보
讓 사양할 양	畔 두둑 반
路 길 로	失 잃을 실
不 아니 불(부)	一 한 일
枉 굽을 왕	段 구분 단

종신양로 불왕백보
종신양반 부실일단

終身讓路 不枉百步
終身讓畔 不失一段

길이나 밭두둑을 조금 양보하고 살아도 일생으로 치면 겨우 한 뼘 정도의 손해도 안 된다. 양보와 배려의 삶을 살아도 그로 인한 손해는 얼마 없다는 뜻.

양보와 배려의 삶으로 인한 손해는

평생 남에게 길을 양보하며 살아도 그로 인한 손해는 고작해야 백 발짝도 안 되고, 평생 남에게 밭두둑을 양보하며 살아도 그로 인한 손해는 고작해야 몇 평의 땅밖에 안 된다. 《당서(唐書)》

해설　《당서》〈주경칙전〉편에 나오는 말이다. 주경칙은 왕의 허물을 간하는 간관(諫官)으로서 청렴결백한 관리로 유명했다. 나중에 왕의 노여움을 사서 부주자사로 좌천되었다가 돌아올 때는 그 지역의 물건은 풀 한 포기 하나도 들고 오지 않았다고 한다.

오늘 나에게 희망을 주는 말
② 성공 편

초판 1쇄 인쇄일 2022년 10월 17일
초판 1쇄 발행일 2022년 10월 24일
지은이 동양고전 슬기바다 연구팀
발행인 이지연
주간 이미숙
책임편집 김진아
책임디자인 김은주
책임마케팅 이동진
경영지원 이지연
발행처 ㈜홍익출판미디어그룹
출판등록번호 제 2020-000332 호
출판등록 2020년 12월 07일
주소 서울시 마포구 독막로18길 12, 2층(상수동)
대표전화 02-323-0421
팩스 02-337-0569
메일 editor@hongikbooks.com

ISBN 979-11-9142-093-7 (04100)
  979-11-9142-092-0 (세트)